**01—**
▶カラバッジョ「トランプ詐欺師」
【事件 04】の対象作品の原作（？）とされているもの
（キンベル美術館蔵）

The Cardsharps, c. 1594.
Artist: Michelangelo Merisi da Caravaggio (1571-1610)
Dimensions: 94 x 131 cm
Location: Kimbell Art Museum, Fort Worth, USA
（提供：Alamy/ アフロ）

**02—**
▶マティス「ダンス」
【事件 10】の対象作品の１つ
（エルミタージュ美術館蔵）

Imagetitle: The Dance, 1909-1910.
Artist: Henri Matisse (1869-1954)
Dimensions: 270 x 391 cm
Location: The State Hermitage Museum, Russia
（提供：Artothek/ アフロ）

03—
▶マレーヴィチ
「シュプレマティスム・コンポジション」

【事件 11】の対象作品「シュプレマティスム・コンポジション（赤の先の上の青の四角）」と同じシリーズでロシアに残ったもの（トゥーラ美術館蔵）

Suprematist Composition, 1915.
Artist: Kazimir Severinovich Malevich (1878-1935)
Dimensions: 60.3 x 46.6 cm
Location: Museum of Art, Tula, Russia
（提供：Bridgeman Images/ アフロ）

04—
▶バンクシー「愛はゴミ箱の中に」

【コラム】（個人蔵）

2019 年 2 月 4 日、ドイツ南西部バーデンバーデン、フリーダーブルダ美術館に設置される「バンクシー」作品。オークションで落札された直後に額縁に隠されたシュレッダーで一部が細断され話題となった同作が初めて一般に公開された。この展示は同年 2 月 5 日から 3 月 3 日まで行われた。

Love is in the Bin, 2006-2018.
Artist: Banksy
Photo Location: Frieder Burda Museum, Baden-Baden, Germany
（提供：AFP＝時事）

# アート・ローの事件簿

美術品取引と権利のドラマ篇

島田真琴

慶應義塾大学出版会

# はしがき

本書は、日本と諸外国のアートに関する裁判事件をできるだけわかりやすく紹介するシリーズの一つです。ここでは、美術品取引やアートに関する権利とその限界が争われた事件を中心に、レオナルド・ダ・ヴィンチが訴えたイタリア・ルネサンス期の訴訟から、現に活躍するアーティスト間の争い、著名なコレクターと美術商の間の国際取引紛争や世界文化遺産の保存をめぐる最近の訴訟に至るまで多岐に亘る事件を取り上げました。事件の当事者たちは、裁判に勝つためだけではなく、相手に諦めさせたり時間稼ぎをしたりなど様々な目的でいろいろな主張をしているのですが、これらすべてを説明するとわかりにくくなるので、本書では事件解決の決め手となった事項だけに絞るようにしました。

アートは法律や裁判とは縁遠い存在と思っている方が多いかもしれませんが、実際上、アートと法律は切っても切れない関係にあります。アートが存在できるのは、美術品やその取引をするアーティスト、美術商、コレクター、美術館などを保護する法制度があるからこそだからです。ある作品が美術品(アート)と呼ばれるのは、それがアートとして社会に認知され、取引され、所有され、展示・鑑賞されるからです。そして、そうした社会の仕組みは、法律によって作られているのです。たとえば、イングランド南西部にある先史時代の巨石群、ストーンヘンジは、今でこそイギリスきっての観光名所ですが、19世紀中頃まではほぼ放置され、荒廃し続けていました。それが20世紀に入ってから人々の関心を集めるようになり、1913年、市民の声に応え、この遺跡を保全するための法律が作られます。その後、ストーンヘンジは国有化され、調査・発掘や保全が進み、世界文化遺産に登録されました。もしも法律による保護がなかったら、この先史時代の遺跡は、前世紀中に宅地開発等により消滅していたことでしょう。本書の中で紹介していますが、2021年、この遺跡をめぐる重要な裁判事件がありました。イギリス政府は、巨石群のそばを横切る国道を地下トンネル化するために工事の実施を決定しましたが、多くの市民は、「遺跡地帯にトンネルの出入り口を掘ると数千年前からの景観が変更され、永遠に元に戻せなくなる」として裁判を起こし、政府の工事を止めさせたのです。このように、法律と裁判は、人と人の間の争い事を解決するだけのものではなく、アートや文化財の現状と今後にも深くかかわっています。

本書では、各事件の経緯、裁判の内容、結論と簡単な解説の後に、事件に関連するアート作品、アーティスト、または争いの当事者に関するエピソードを紹介することにより、読者の皆さんがアートと裁判の関係をより深く理解できるように工夫しました。

アートを愛する多くの方々に、アートを楽しむための一手段として本書を利用していただけたら幸いです。

本書の企画から刊行までの全工程において、慶應義塾大学出版会編集部の岡田智武氏にひとかたならぬお世話になりました。心より感謝申し上げます。

2023年3月

島田真琴

# 目次

# I

# アートの取引をめぐって

アートの取引は、美術品を制作するアーティスト、これを購入するコレクター、および両者の間を取り持つ画廊、美術商などの美術品取引業者が行う取引である。

現代アーティストは、美術品を自由に創作したうえでこれを売却して収入を得ているが、19世紀後半までのアーティストは、顧客からの注文を受けて美術品を制作する方式、すなわち制作請負の方式の取引を行っていた。現代でも、自治体や芸術祭主催者、美術館がアーティストに作品制作を委託する場合は同様の方式がとられる。制作請負の場合、依頼者は特定の目的に合った美術品を欲して注文するので、アーティストが自由気ままに作品を作るわけにはいかない。依頼者が注文した際に要求事項を明確にしていなかった場合、完成後に紛争が生ずることがある。

他方、美術品取引業者がその顧客であるコレクターと行う取引は、売買か委託のいずれかである。コレクターが作品を処分したいときは、業者に買ってもらうか、または業者に委託して買い手を見つけて売却してもらう。売買と売却委託は、外形上はほとんど区別できないが、業者側の法的な責任に大きな違いがある。業者が顧客から直接美術品を購入する場合、両者の関係は売主と買主であり、買主である業者は、これを誰にいくらで転売するのも自由である。これに対し、業者が顧客から委託を受けて売却する場合、業者は顧客に対して受託者としての忠実義務を負い、取引相手と代金を逐一報告しなければならず、顧客に無断で、最初に取り決めた委託手数料を超える利益を得る行為は許されない。美術品の取引は、売買、委託のどちらの方式なのかを明確に決めずに行うことが多いため、美術商の責任に関して当事者の間に誤解が生じ、紛争の原因になりやすい。

【事件01】は、アーティストと依頼者との間の制作請負契約の履行をめぐる紛争、【事件02】と【事件03】は、美術品の売却や購入を顧客のために行った美術商が忠実義務を負うかどうかが争われた事件である。【事件04】では、顧客からオークションへの出品を委託されたオークションハウスの義務が問題となった事件を紹介する。

事件01

# ダ・ヴィンチ「岩窟の聖母」制作の報酬

ダ・ヴィンチ対サン・フランチェスコ信心会事件［イタリア］

## ■事件の経緯

サン・フランチェスコ信心会より祭壇画の注文

1483年、フィレンツェからミラノに移り住んで間もないレオナルド・ダ・ヴィンチは、ミラノの職人デ・プレディス兄弟と共同で、サン・フランチェスコ教会の信心会から、修道院に設置する祭壇の装飾作業および祭壇画の制作を請け負った。その年の4月に締結した契約では、「祭壇画は、聖母子と天使たちと予言者二人を描くこと」が指定された。また、①納期はその年の12月8日とすること、②請負代金は、最低保証額を800リラとし、翌月から分割で支払うこと、③作業終了後に査定人三人が協議のうえ800リラに上積みすべき金額を決定すること、④査定人は双方が一人ずつを選んだ二人の信心会員および修道院長の三人とすること、⑤祭壇完成前にダ・ヴィンチがミラノを去る場合は、信心会が選ぶ他の者に祭壇を引き渡すこととし、仕事の割合に応じた費用のみを支払うことなどが定められた。ダ・ヴィンチらは、信心会から祭壇を預かり、デ・プレディス兄弟の工房で作業を開始した。三人の間では、デ・プレディス兄弟が祭壇の装飾作業、ダ・ヴィンチが祭壇画を担当した。

### 制作費は最低保証額しか認められず

祭壇画は、納期を大幅に遅れ、1491年以降になってようやく完成した。ダ・ヴィンチは、岩窟の中にいる聖母子、聖母の右に天使一人と幼児キリスト、聖母の左側に幼児姿の洗礼者ヨハネを描いた。信心会の指定と少し違っていたが、その出来栄えは素晴らしく、この祭壇画「岩窟の聖母」《本書カバー絵》を単独で400リラで購入したいという者もいた。しかし、査定人三人は、祭壇画は100リラ、祭壇装飾は700リラ、合計800リラと評価し、最低保証額を超える金額は認めなかった。

ダ・ヴィンチらは、この査定を不満とし、ミラノの裁判所に訴訟を提起したのである。

## ■裁判

### 人気が高いのに信心会の意向に合わない祭壇画の評価額は?

原告ダ・ヴィンチらは、「祭壇装飾は、実費だけで800リラを要し、また祭壇画『岩窟の聖母』は

400リラでの購入希望者がいるのでその価値がある」と主張し、専門家による査定のやり直しをすることを求めた。そして、「被告信心会がこれに応じない場合は祭壇画を引き渡さない」と主張した。被告はこれに対し、「契約の条件に従って選ばれた査定人による評価額であるからやり直しの必要はない」と反論したはずである。

「岩窟の聖母」は素晴らしい出来なのに査定人の評価額が低かった理由は、ダ・ヴィンチが、絵画の主題としてキリストと洗礼者ヨハネの出会いを描いたためと思われる。このテーマは聖書に記述があり、当時のフィレンツェで流行っていたのだが、ミラノではあまり知られていなかった。とりわけ、サン・フランチェスコ教会は、「聖母の無原罪の宿り」の教義に基づき、聖母マリアを信仰する宗派なので、祭壇画の主役は聖母でなければならない。しかし、「岩窟の聖母」は、聖母が中心にいるものの、その右の天使は鑑賞者に視線を向けながら左のヨハネを指さし、ヨハネはキリストに祈りを捧げ、キリストはヨハネに祝福を返している。これでは、鑑賞者の視線はキリストとヨハネに向けられるので、この二人が絵画の主役で聖母は脇役のように見える。もちろん、「キリストとヨハネの出会い」の絵としてはこれで正しいのだが、信心会は大いに不満だったはずである。ダ・ヴィンチが注文者の意向を確認せずにこれを描いたとすれば、二人の信心会員と修道院長がこの作品を評価しなかったのは当然ともいえる。

## 新しい祭壇画の提案

原告ダ・ヴィンチらは、裁判を有利に進めるため、当時（1490年代）のミラノの支配者ロドヴィーコ・スフォルツァに嘆願書を出し、裁判所に圧力をかけるようにと頼んだ。ロドヴィーコはダ・ヴィンチのパトロンでもあった。しかし、被告の信心会に契約違反があったとはいえないので、ロドヴィーコといえども、原告らの言い分をそのまま通すことはできなかった。記録は残っていないが、おそらくロドヴィーコは、ダ・ヴィンチに対し、「この作品は自分が買い取るので、被告の要望に適う別の祭壇画を作り直してはどうか。」と勧めたのではないかと思われる。

原告らが被告に祭壇画の作り直しを提案したところ、被告もこれを受け入れた。そこで、裁判手続きを停止し、ダ・ヴィンチは新しい祭壇画の制作を始める。当初、ダ・ヴィンチは、聖母マリアを主役にした別の構図を検討したが、「最後の晩餐」の制作などに時間をとられて余裕がなかったため、最初の作品と同じ構図の絵を描き直すことにした。ただし、被告信心会の最低限の要求に応えるため、鑑賞者に向けられていた天使の視線を外し、ヨハネを指していた天使の右手を消した。その結果、この絵の主役は、幼児キリストと聖ヨハネを保護するようなポーズをした中央の聖母であることがわかりやすくなった。

新しい祭壇画は１５００年頃に完成し、装飾が済んだ祭壇とともにサン・フランチェスコ教会に納品された。被告は契約に従った最低保証金８００リラに加え、１００リラを仮払いした。しかし、被告は、「この作品はまだ完成していない」と主張し、査定人の選任を怠り、その評価額を決めようとしなかった。そこで、原告らは、裁判の再開を申し立て、被告に対し、査定人を選任して納品した祭壇画の評価を行い、加算額を支払うように請求した。

## 裁判の再開

1503年、原告のダ・ヴィンチらは、1500年以降にミラノ公国の支配者になっていたフランス王ルイ12世宛てに、裁判の後押しを求める嘆願書を提出した。フランス王は、被告の信心会に非があると認め、1503年3月9日、ミラノの法務官に対し、原告と被告間の契約の内容を調査し、被告に対して合意に従って原告に支払いをさせるようにと命じ、3月28日、ミラノの裁判所は、フランス王の命令に従って裁判を進めるため、日にちを指定して両当事者に出頭を命じた。しかし、当時ダ・ヴィンチはミラノを離れてフィレンツェに戻っていたため、被告は、ダ・ヴィンチの不在を理由とする裁判停止の異議申立てをした。これにより、裁判は1506年頃まで中断した。

しかし、1506年、被告は異議申立てを取り下げ、ようやく裁判は再開した。裁判所の命令に従い、契約どおりに三人の査定人が選任され、祭壇装飾と祭壇画の査定が行われることになった。

## 最終裁定

1506年4月27日、査定人による査定結果が宣告された。祭壇装飾が800リラ、祭壇画は300リラ、合計1100リラとのことだった。被告は既に900リラを支払っているので、残額は200リラである。

裁判所は、これに基づいて最終的な裁定を下し、「被告は原告に対して、残金200リラを今後2年間に毎年100リラずつ支払え」と命じた。他方、原告らには、「この祭壇画は、ダ・ヴィンチが完成前にミラノを立ち去ったために未完成なので、今後2年間で完成させよ」と命じた。

その後2年内に、原告ら（おそらくダ・ヴィンチではなくプレディス兄弟）は、被告の要望に基づいて、「岩窟の聖母」の聖母子らの光輪や聖ヨハネの象徴である十字架の杖を描き加えてこれをひとまず完成させたことにし、残金200リラを受領したのである。

## ■事件の評価と教訓

### 芸術家との美術品制作請負契約と職人との契約とは違う

本件は500年以上前の裁判だが、制作請負契約の履行という法律の世界では典型的な争点が問題となった点において、現代に通ずる事件である。

ルネサンスの時代、美術品の制作者は基本的には職人であり、注文者の指示どおりのものを制作するべきものとされていたが、この枠に収まらないダ・ヴィンチのような天才芸術家も存在していた。このため、注文者と職人との間で締結する一般的な制作請負契約の様式に従った契約は、芸術家との取引の実体に合わない部分があった。第一に、一般的に、注文者は職人に対して絵画の内容や構図について立ち入った指定をするが、芸術家に作品を依頼した場合、細かな注文は、その独創的な発想と矛盾しがちなので、この事件のように無視される。第二に、特定の宗派のための祭壇画のように作品の目的が明白であるときは、そのことを契約書に明記しないと、芸術家は芸術的目的を重視し、依頼者の目的に合わない作品を制作するおそれがある。第三に、芸術作品を欲しているときに、職人と芸術家に共同制作を依頼すると、期待に沿わない作品が納品されるおそれがある。第四に、注文者が作品を気に入らないときの対策として代金額の査定という方法をとっても有効に機能しない可能性がある。職人の仕事の出来不出来は客観的に判断できるが、芸術作品の価値は美術専門家にしか評価できない。他方、注文主にとっては、どれほど芸術的価値が高くても、その目的に合わない作品に高額の代金を支払うわけにはいかないであろう。

こういった問題点を考慮し、芸術家との間で制作請負契約は、①作品の内容や構図にこだわるよりも、作品の目的、依頼の意図を明確にすること、②個々の作品の制作について、責任者、担当者を明確に指定すること、③契約の目的に合わない作品が作られないように、注文者が制作過程を適宜に見分する権利と解約条件をきちんと定めておくこと、④代金の決定のために完成後に査定する仕組みを設ける場合は、中立的で専門能力のある者を査定人にすることが肝要である。これらの点は、現代において、芸術家に展覧会や芸術祭への出品やパブリック・アートを依頼する際も同様である。

## ■二つの「岩窟の聖母」の謎

レオナルド・ダ・ヴィンチ作とされる「岩窟の聖母」には、同寸で構図もよく似た2点の作品があり、一方はルーヴル美術館、他方はロンドンのナショナル・ギャラリーが所蔵している。この両者の関係について、その様式的特徴から、ルーヴル作品の方がロンドン作品よりも先に作られた点は、美術史研究者の間で判断が一致している。また、サン・フランチェスコ教会の注文によりその修道院に納入された作品が後者である点は、その来歴に関する資料により証明されている。しかし、ダ・ヴィンチがこの二つの作品をいつどのような経緯で制作したのかについては所説がある。大別すると、①ルーヴル作品はダ・ヴィンチがまだフィレンツェにいた1482年以前に作られたとする見解、②1483年に信心会の依頼によりルーヴル作品を作り始め、途中でロンドン作品にすり替えたとする見解、③ルーヴル作品を教会に納入した後にロンドン作品とすり替えたとする見解などに別れる。本書における裁判の記述は、美術史研究者ではない筆者が、ダ・ヴィンチと信心会との間の裁判記録等に基づいて、法律家としての立場からは最も論理的と思われるストーリーを推測したものである。裁判記録に関しては、斎藤泰弘教授の論文「訴訟記録に基づいた『岩窟の聖母』事件の再検証：その前史から1506年の裁定まで」を参考にさせて頂いた[†]。

なお、ロンドン作品に関しては、以前は、「ダ・ヴィンチの弟子またはデ・プレディス兄弟が主に制作し、ダ・ヴィンチの手が加わったかどうかは怪しい」とする見解が有力だった。しかし、2010年、ロンドン・ナショナル・ギャラリーは、研究調査の結果に基づき、ロンドン作品も間違いなくダ・ヴィンチの作品であると発表した。

二つの「岩窟の聖母」は、おそらく歴史上一度だけ、両方を一緒に鑑賞できたことがある。2011

年にロンドン・ナショナル・ギャラリーが開催した特別展「レオナルド・ダ・ヴィンチ―ミラノの宮廷画家」である。ルーヴル美術館から借り入れて出品されたルーヴル作品は、ロンドン作品と同じ展示室の向かい合わせの壁に対峙され、観客は両方を見比べることができた。そのような機会は今後当分ないだろうが、パリとロンドンの間は、列車で2時間、飛行機で30分に過ぎず、時差は1時間なので、その気があれば一日で両方を観ることならできる。

事件02

## ダ・ヴィンチの素描画「聖母子、聖アンナと羊」の売却委託の手数料？

アクシディア財団対サイモン・ディキンソン事件［イギリス］

### ■事件の経緯

ダ・ヴィンチ素描画の売却委託

リヒテンシュタイン所在のアクシディア財団は、レオナルド・ダ・ヴィンチ作といわれる「聖母子、聖アンナと羊」の素描画を所有していたが、２００6年秋頃から、世界的に活動する美術商であるダニエラ・ルクセンブルクにその売却について相談していた。ルクセンブルク氏は、オールドマスター（15世紀から18世紀までの巨匠）作品を専門とするロンドンの美術商であるサイモン・C・ディキンソン社にこのダ・ヴィンチ素描画の買主を探して欲しいと依頼したところ、ディキンソン社は、購入を希望する顧客がいるとの情報を伝えてきた。そこで、ルクセンブルク氏は、アクシディア財団に売却の見通しが立ったことを告げ、2007年7月27日、彼女が経営するルクセンブルク社とアクシディア財団との間で、売却委託契約を締結した。委託契約上、両者は、販売委託の条件として、①売主であるアクシディア財団の手取金額（ルクセンブルク社の手数料や販売費用を除いた正味金額）を550万米ドル（以下、「ドル」と表記する場合は米ドルをいう）以上とすること、および②ルクセンブルク社の手数料は売買代金の10パーセントを上限とすることを合意した。

## 素描画の売却

2007年8月8日、ルクセンブルク社は、アクシディア財団から素描画を預かった。そのうえで、ディキンソン社に対してその顧客への売却を依頼し、これを引き渡した。ディキンソン社は、この作品の所有者（ただし、所有者名は非開示）のエージェントの立場で、顧客に対し、代金700万ドルで売却する旨の売買契約を締結した。

その翌日、ディキンソン社は、ルクセンブルク社に顧客との契約締結を報告したうえで、両社間の契約（美術商間契約）を締結した。この契約では、この作品の売買代金のうちのルクセンブルク社の手取金額は600万ドルとすること、すなわち、ディキンソン社が600万ドル以上で売却した場合の超過金額はディキンソン社がすべて取得することが合意された。

8月9日、ディキンソン社は、顧客から、売買契約に基づいて素描画と引換えに代金700万ドルを受け取った。そして、美術商間契約の条件に従って、ルクセンブルク社に600万ドルを支払い、差額

１００万ドルを取得した。

８月14日、ルクセンブルク社は、アクシディア財団に、素描画を６００万ドルで売却したと報告し、売却委託契約の条件に従って、アクシディア財団に５５０万ドルを支払い、差額の50万ドルをルクセンブルク社の報酬として取得した。

### 真贋をめぐるトラブルと売買代金の発覚

２００８年３月、素描画を購入したディキンソン社の顧客は、複数の大手オークションハウスがこの作品の真贋について疑いを抱いている事実を知り、ディキンソン社に対して、売買契約の解消を請求してきた。このことは、ディキンソン社からルクセンブルク社に、さらにルクセンブルク社からアクシディア財団に伝えられた。しかし、アクシディア財団は素描画の引取りと代金返還を拒絶した。その後、何度か話合いがなされ、その年の６月、結局、ディキンソン社がこれを７００万ドルで買い戻した。なお、その翌月、ダ・ヴィンチ研究の専門家であるマーチン・ケンプ教授が、この素描画はダ・ヴィンチが最晩年（１５１７年頃）に描いたものであるとの意見を示し、真作であることが確認されている。

この買戻しをめぐる交渉を通じて、アクシディア財団は、ディキンソン社が買主から７００万ドルの売買代金を受領した事実を知った。これは、アクシディア財団がルクセンブルク社から聞いていた代金を１００万ドルも上回っている。そこで、２００９年10月、アクシディア財団（原告）は、ディキンソン社（被告）に対し、被告が取得した１００万ドル（７００万ドルと６００万ドルの差額）を引き渡すことを求めて、ロンドンの高等法院に訴訟を提起したのである。なお、ルクセンブルク社はこの訴訟の当事者にはなっていない。

## ■裁判

ディキンソン社は取引慣行に従った報酬を受け取ってもよいのか？

原告アクシディア財団は、ルクセンブルク社以外の者に対しては、素描画を売却する権限を与えていなかったが、被告ディキンソン社がこの作品を700万ドルで売却したことを知った後、被告が行った売買を認めた（法律上は「追認した」という）。そのうえで、原告は、「被告は、原告が被告の行為を追認したことにより遡って原告のエージェントだったことになるので、原告に対して忠実義務、すなわち、原告に売買代金が700万ドルだったことを知らせてこの全額を支払う義務を負う。しかし、被告は、忠実義務に違反して600万ドルしか支払わず、差額100万ドルを着服した。」と主張し、100万ドルの支払いを請求した。

これに対し、被告ディキンソン社は、「美術品取引業界において、美術品を売却しようとする美術商は、他の美術商に買い手探しを頼むのは常識である。また、美術品の買主を見つけて売却した美術商は、売り手が希望する手取金額（ネットリターン価格）と買主から受領した売買代金との差額を自己の報酬として受け取るという取引上の慣行が存在し、美術商間ではこの慣行を前提とする取引（ネットリターン価格取引）が行われている。ディキンソン社とルクセンブルク社との間の美術商間契約は、この取引慣行を明文化したに過ぎない。」と主張した。そして、「原告は、ルクセンブルク社に素描画の売却を委託する際、業界の常識と取引慣行を暗黙の了解事項としていたはずなので、ルクセンブルク社が他の美術商とネットリターン価格取引を行うこと、すなわちディキンソン社と美術商間契約を締結することを言葉にするまでもなく承認していた。したがって、ディキンソン社は、正当な報酬として１００万ドルを取得する権限を有し、忠実義務違反をしていない。」との反論を展開した。

この反論により、「原告アクシディア財団が、ルクセンブルク社に対して、いわゆるネットリターン価格取引を内容とする美術商間契約を締結する権限を付与していたかどうか」という点がこの事件の主要な争点となった。

### 裁判所の判断[†2]「業界の取引慣行は不合理で違法」

裁判所は、「被告ディキンソン社は、美術商間契約に基づいて、原告アクシディア財団のためにその素描画を売却することを合意しているので、原告のエージェントとして原告に対して忠実義務を負っていたことになる」と判示した。忠実義務を負う美術商は、顧客の同意がない限り、顧客のための活動を通じて利益を得ることが許されないので、被告が１００万ドルを取得したのはこの義務違反となる。そして、ネットリターン価格取引（売り手が希望する手取金額と買い手が支払った代金との差額を仲介する美術商の報酬とすること）の慣行に従うことを原告が承認していたという被告の主張に関しては、「美術商間においてそのような形態の取引が行われることがあるとしても、少なくとも、取引の相手方が顧客たる最終売主である場合において、それが美術品取引における慣行となっているとまではいえない」と認定し、さらに、「仮に、顧客に売買代金を開示することなく美術商がそのような手数料を収得する取引が行われているとしたら、そのような取引は不合理であり違法である」と断じたうえで、「原告とルクセンブルク社との間の売却委託契約は、ルクセンブルク社の手数料の上限を売買代金の10パーセントとする旨を明記しているので、ネットリターン価格に関する合意を含む美術商間契約を締結する権限はこの契約の明文の条項に抵触し、認める余地がない」と判示した。

ただし、被告ディキンソン社は不正な行為をして利益を得る意図があったわけではないので、合理的な手数料を受け取る権利があるとし、売買代金７００万ドルの10パーセント（70万ドル）から、ルクセンブルク社が既に受け取った手数料50万ドルを控除した残金20万ドルを被告の報酬金額と認定した。

結論

以上の結果、２０１０年11月、裁判所は、被告ディキンソン社に対し、被告が取得した１００万ドルから報酬額20万ドルを差し引いた金額を原告アクシディア財団に支払うよう命じた。

## ■事件の評価とその後

### 美術商が顧客に秘密の報酬を受け取ることは許されない

この事件の判決は、美術商が顧客のために美術品を売却した場合は、顧客から直接の委託を受けていたかどうかにかかわらず顧客に対して忠実義務を負うべきことを示した。この判断は、英米の美術商の業界に激震をもたらした。それまで、美術品の売却委託を受けた美術商たちは、買主が実際に支払った金額を委託者には知らせず、委託者の希望売却価格との差額は自己の取り分としていた。そして、それが許されるという前提のもとで、本事件のような取引、すなわち、美術商が、他の美術商にネットリターン価格を報酬とする条件で再委託するやり方は、当然のように行われていた。しかし、裁判所は、これが顧客を含む美術市場全体の取引慣行であることを否定し、そのような方式の取引は「不合理かつ違法である」とまで断定したのである。この判決により、英米の市場で美術品取引を行う一流の美術商は、従来の取引の方式を変更せざるを得なくなった。

2017年、ニューヨーク州の裁判所も、この事件の判決と同様、美術品の売却委託を受けた美術商が委託者に無断で転売差益を儲ける行為は、忠実義務に違反すると判示している。[†3]

### ディキンソン社とルクセンブルク社のその後

ところで、本事件においてアクシディア財団から忠実義務違反の責任を追及されたディキンソン社は、実際のところはルクセンブルク社との間の美術商間契約の合意に従ったに過ぎない。2011年2月、ディキンソン社は、「売却委託契約や美術商契約に違反していたのは、ルクセンブルク社である」と主張し、ルクセンブルク社に対する損害賠償請求訴訟をロンドンの高等法院に提起した。ただし、この訴訟は、その年の7月に「円満な和解」により解決し、両者は「今後も良好な取引関係を維持する」と宣言している。和解の条件は公表されていない。

## ■ダ・ヴィンチの手稿とウィンザー・コレクション

レオナルド・ダ・ヴィンチ（1452年－1519年）は、完成された絵画作品を十数点しか残していないのに、おびただしい数の素描画を残している。その多くは、彼が研究材料やその成果を書き綴ったメモ用紙に、スケッチやイラストとして描かれたものである。1519年に彼が亡くなった後、何千ページものメモ用紙が弟子のフランチェスコ・メルツィに遺された。その後、メルツィの息子がこれを相続したが、鏡文字で難しい研究成果を記したメモ帳の価値が理解できなかったため、一部が散逸したり盗まれたりし、残りはスペインの彫刻家ポンペオ・レオーニに売却された。レオーニはこれを分類して冊子に編纂し直して大切に保存していたが、彼の死後、息子が数人の買主に分けて売却したため各地に分散されてしまった。現在残っている冊子の中では、ミラノのアンブロジアーナ図書館が所蔵する「アトランティコ手稿」と呼ばれるものが最も量が多く記載内容は多岐に亘っている。しかし、ダ・

ヴィンチの素描画コレクションとして最も充実しているのは、英王室が所蔵している「ウィンザー・コレクション」と呼ばれる冊子である。これらの一部は、2019年、ダ・ヴィンチ没後500年記念展の際にクィーンズ・ギャラリーで公開されたが、解剖図や胎児のスケッチ、大洪水、馬の研究から「東方三博士の礼拝」、「アンギアーニの戦い」、「岩窟の聖母」、「最後の晩餐」などの習作まで含まれている。

この冊子は、1630年代に、イギリス貴族アランデル伯トマス・ハワードが国王チャールズ1世の命を受けて、ポンペオ・レオーニの遺族から購入したとされている。チャールズ1世は美術愛好家として知られ、ルーベンス、ヴァン・ダイクらをイギリスに招聘するとともに、ルネサンスやバロックの名画を数多く購入し、王室コレクションを築いた。彼はダ・ヴィンチ作品を所望し、美術顧問であるアランデル伯に、ミラノでアトランティコ手稿を買い取るよう指示した。しかし、アランデル伯は実物を見たうえで購入を取り止め、その代わりにスペインで、レオーニの遺族の元に残っている冊子を手に入れた。おそらく、当時イギリス大使をしていたルーベンスの助言もあったと思われる。ルーベンスは外交官として各国を渡り歩き、芸術家の視点で両方を見ている。チャールズ王も皇太子時代にスペインでレオーニの冊子を目にして関心を持っていたので、この購入に異存はなかった。イギリスに戻ったアランデル伯は、ダ・ヴィンチの素描画をまとめた冊子を国王に渡し、残りの手稿は自分のコレクションに加えた。

1640年代に入るとイギリスで市民戦争が起こり、1649年、チャールズ1世はピューリタン革命により処刑される。しかし、王制はその後に復活し、彼の息子チャールズ2世が王位に就いたので、王室コレクションはそのまま保持された。アランデル伯は、公務で１６４２年にオランダへ渡ったきりイギリスに戻れず、１６４７年にイタリアのパドヴァで死去した。彼の資産はピューリタン革命後の議会に没収されたが、ダ・ヴィンチ手稿は遺族が死守し、１６６７年に彼の孫がロイヤル・ソサイエティに寄贈した。これは現在、アランデル手稿として大英図書館が所蔵している。こうしてイギリスに渡ったダ・ヴィンチの素描と手稿は、ほぼ無傷のまま今日まで維持されてきた。

他方、大陸に残されたダ・ヴィンチの手稿は、戦争や革命などにより各地にさらに分散され、その過程で多くが散逸した。とりわけ、完成度の高い素描画は、冊子から外されて切り売りされるので、そのうちにダ・ヴィンチ作かどうかも不確かになる。本事件でアクシディア財団が所蔵していた素描画「聖母子、聖アンナと羊」は、そのような作品の一つと思われる。

事件03

# ダ・ヴィンチ「サルバトール・ムンディ」等の取引？

リボロフレフ対ブーヴィエ事件［シンガポール］

## ■事件の経緯

大富豪リボロフレフと美術商ブーヴィエの出会い

ドミトリー・リボロフレフ（リボ）は、世界のカリ肥料取引を牛耳る「肥料王」として巨万の富を成したロシアの大富豪である。彼は、２０１１年までは妻エレナとジュネーヴに住み、その後は娘エカテリーナとモナコの豪邸に住んでいる。リボとエレナは、２０００年代の初め頃、モナコに居住するスイス人、タニア・ラッポと知り合い、親交を結ぶ。リボは彼女に、「美術品コレクションを築きたいのでよいアドバイザーを知らないか」と尋ねた。そこで、２００３年頃、ラッポは、リボとエレナをジュネーヴのフリーポートに連れて行き、イヴ・ブーヴィエに紹介した。ブーヴィエは、ジュネーヴで国際美術品取引会社を経営し、ジュネーヴとシンガポールのフリーポートに保税倉庫を所有する著名な美術商である。「フリーポート」とは、外国から届いた貨物に課される関税（輸入税）を一時的に保留される地域であり、この地域にある期間は関税の徴収が留保される。「保税倉庫」は、そのようにして関税が留保されている貨物を保管する倉庫である。

### リボとブーヴィエの取引関係

２００３年以降、リボは、購入したい美術品を見つけると、ブーヴィエに頼んで手に入れてもらうようになった。ブーヴィエは、リボの依頼により美術品を購入したうえでこれをリボに転売し、代金の２パーセントの手数料とともに売買代金を受け取った。購入した美術品はそのままブーヴィエが預かり、彼が所有する保税倉庫に保管された。リボはロシア語と片言の英語しか話さないので、リボとブーヴィエの間の連絡はリボのアシスタントであるサゾノフを介して取り合っていた。２００３年６月から２００６年10月までの間に行われた最初の四回の取引の際、リボとブーヴィエは、リボの資産運用会社とブーヴィエの会社との間の契約書を交わした。これらの契約書は、準拠法（契約書に書いてある内容の意味や書かれていない事項について争いが生じたときにその問題をどこの国の法律で解決するかの選択）をスイス法とする旨を規定していた。しかし、その後の取引では契約書を交わさなかった。ブーヴィエが発行した売買代金の請求書だけが取引の証拠である。

２００９年、ブーヴィエは、シンガポールにおける永住権を取得し、居宅をジュネーヴからシンガポールに移した。その頃、ロシアの経済破綻の原因調査により、スイスにあるリボの資産はロシア政府から差押えを受ける可能性があった。また、彼は2008年頃からエレナに離婚訴訟を起こされていたため、スイスの資産は彼女に差し押さえられるおそれもあった。そこで、リボの要望により、リボとブーヴィエは、美術品の保管場所をシンガポールに変更することに合意し、リボの所蔵品はジュネーヴからシンガポールの保税倉庫に移された。

2009年から2014年の間において、リボは、ブーヴィエから、ピカソ、モディリアーニ、ドガ、ゴーギャン、モネ、ルノワール、マーク・ロスコなどの作品23点を購入している。最も高額な買い物は、2013年4月に購入したダ・ヴィンチ作「サルバトール・ムンディ」で、リボがブーヴィエに支払った代金は1億2750万ドルだった。なお、ブーヴィエは、このダ・ヴィンチ作品を含む11点の作品を売り手のエージェントを務めていたサザビーズから購入している。

## 破綻のきっかけは新聞記事

2014年秋、リボは、3月9日付ニューヨーク・タイムズに掲載された「サルバトール・ムンディ」に関する記事を目にした。この記事には、「この絵の持主がイヴ・ブーヴィエに7500万ドルから8000万ドルで売り渡した。」と記載されていた。これはブーヴィエから聞いていた金額（1億2750万ドル）を大きく下回っていた。リボはブーヴィエにそれとなく問い合わせたが、ブーヴィエには返事をはぐらかされた。これをきっかけに、リボは彼に不信を抱き始める。

この年の12月、リボは休暇先で、彼が購入したモディリアーニの「横たわる裸婦」の売主の仲介人に偶々出会い、売主が受け取った代金は9350万ドルだったことを聞いた。これはリボがブーヴィエに支払った代金1億1800万ドルを下回っていた。そこでリボは、売主に正式の受取代金証明書を出してもらい、ブーヴィエが絵画の購入代金よりも高額で彼に売却して差額を儲けていたことを確信し、2015年1月、モナコ検察庁にブーヴィエを詐欺罪で告訴したのである。

訴訟の開始、ブーヴィエに忠実義務違反はあるのか？

2015年2月、ブーヴィエは、リボに呼ばれてモナコの彼の居宅を訪れた際、モナコ警察に逮捕された。翌3月、リボは、ブーヴィエが、長年に亘りエージェントとしての忠実義務に違反して合計10億5千万ドルもの不正な利益を得たと主張し、不正に得た利益の引渡しを求めて、シンガポールの裁判所に訴訟を提起した。

## ■裁判

シンガポールよりスイスの方が便利な裁判地？

原告リボは、「被告ブーヴィエが、原告の委託を受けて購入した38点の美術品について、実際に売主に支払った代金よりもはるかに高額で購入したかのように装って、原告に不正に上乗せした料金を請求して差額を着服した行為は、エージェントとしての忠実義務に違反する」と主張した。これに対し、被告ブーヴィエは、「各美術品は私自身が買主となって売主から購入し、これらを原告に転売したのであって、私が原告のエージェントになったことはないので、忠実義務を負わない」と反論した。そこで、被告が原告に対して忠実義務を負っていたかどうかが、本訴訟の実質的な争点だった。

しかし、この争点の審理に入る前に、被告ブーヴィエは、「この事件は、フォーラム・ノンコンビニエンス（forum non-convenience）の法理により、シンガポールで裁判を行うよりもスイスの裁判所で解決すべきである」と主張し、訴訟停止の申立てをした。「フォーラム・ノンコンビニエンスの法理」とは、イギリス、アメリカ、シンガポールなどの英米法系の裁判所が採択している実務上確立したルールで、これによれば、「ある事件について、他の国も裁判権を有し、かつその国で裁判する方が便利である場合は、その国の裁判所に紛争の解決を任せることにし、裁判を行わない」ことになっている。シンガポールの裁判所において、被告がこのルールを主張して訴訟の停止（stay）を申し立て、シンガポールよりも便利な裁判地があることを立証した場合、シンガポールの裁判所は、シンガポールの裁判所で審判しなければ正義に反する場合を除き、裁判手続きを停止する。†4

この申立てにより、実質的な審理に入る前に、シンガポール、スイスのうちどちらが便利な裁判地であるかが、本件における手続き上の争点となった。

## 裁判所の判断†5「どの国の法律で解決するかが最も重要」

フォーラム・ノンコンビニエンスの申立てがあったとき、裁判所は、①事件や取引の準拠法、②当事者や証人の所在地、③関連する事件や取引との関係などの事情を総合して、どちらの国が便利な裁判地かを判断する。本件の裁判所は、「本件の実質的な争点は、被告が原告に対して忠実義務を負っていたかどうかなので、①の要素、すなわち、取引の準拠法が最も重要である」と述べた。「取引の準拠法」とは、取引の当事者間で言い分が食い違ったときや契約の内容が契約書だけでは解決できないときに、裁判所が解決の基準として適用する法律のことである。裁判所は、そう述べたうえで、便利な裁判地の判定に影響する要素を以下のとおり検討した。

①取引の準拠法

原告被告間の取引は、2003年から2006年までの最初の四回については契約書が交わされ、それ以降は口頭の合意だけで行われたが、最初の四回の契約書には、スイス法を準拠法とすると明記されていた。その後、当事者間で最初の契約書の条件を変更することを合意していない。そうである以上、それ以降の取引についても最初と同じ条件で行うこと、すなわち契約の準拠法はスイス法にすることについて（明示されてはいないが、双方の行動や態度を総合すると）合意があったと推定できる。また、仮に合意がなかったとしても、原告と被告は、五回目の取引以降もともにジュネーヴに居住し、ジュネーヴで取引し、代金はスイスの銀行口座に支払われたのだから、取引と最も密接に関連する国はスイスであり、いずれにしても契約準拠法はスイス法である。

これに対し、原告リボは、2009年頃、美術品の保管場所はすべてシンガポールに移転し、ブーヴィエがシンガポールに移住するなどの重大な変更があったと主張するが、この変更は、リボの財産が第三者に差し押さえられることを避けるという両者間の取引とは関係がない事情により行われたに過ぎない。

②当事者および証人の所在地

証人となる可能性がある者は、リボの代理人であるサゾノフ、リボの妻エレナ、リボの顧問弁護士の三人であり、いずれもスイスに居住している。被告の居住地はシンガポールだが、全世界を移動する富裕者の裁判では、本拠地は重要ではない。

③正義に反するかどうか

原告は、スイス法によれば原告の請求の一部が認められなくなるので正義に反すると主張する。しかし、シンガポールの裁判所も取引の準拠法がスイス法であるときはスイス法を適用するので結果は同じであるし、また、「正義に反する」かどうかは、裁判地の法制度が著しく不合理であることをいい、国によって法律が異なるというだけでは足りない。

結論

以上の検討により、裁判所は、「スイスの方がシンガポールよりも便利な裁判地であるし、スイスで裁判をしても正義に反することはない」と判断した。

2017年7月、シンガポール上訴裁判所は、被告ブーヴィエの申立てを認め裁判手続きを停止した。

## ■事件の評価とその後

### どこで裁判するのかが勝敗を左右することもある

本件で紹介したのは、モナコ、スイス、シンガポール、フランス、香港、ニューヨークの裁判所で争われている、ロシアの大富豪リボロフレフと国際美術商ブーヴィエの間における一大国際取引紛争の裁判の一つである。しかし、単なる手続き上の争いであったにかかわらず、この事件の判決は、事件全体の帰趨に大きな影響を与えている。

この事件の実質的な争点は、「ブーヴィエは、リボに対して忠実義務を負っていたかどうか」である。顧客の利益になるように忠実にその仕事を遂行しなければいけないという、美術商の忠実義務の問題は、先に紹介した【事件02】（アクシディア財団対サイモン・ディキンソン事件）でも争われた。その事件において、イギリスの裁判所は、「素人の顧客が所有する美術品を顧客のために売却することを合意した美術商は、顧客に対して忠実義務を負い、売却代金額を顧客に知らせずに、顧客の希望売却価格との差額分を自己の取り分とすることは許されない」と判示した。本件の美術商ブーヴィエがリボから依頼を受けたのは美術品の購入だが、両者の関係性は売却依頼と同じなので、仮にこの事件がイギリスの裁判所で争われたとしたら、ブーヴィエに不利な判決が下される可能性が高い。シンガポールはイギリスとほぼ同じ法制度なので、アクシディア財団対サイモン・ディキンソン事件の判決はシンガポールの裁判所でも重視されるはずである。他方、スイスやモナコはイギリスとは法制度が全く異なり、同様の裁判例は存在しないので、どちらに有利な判断になるのか見通しが立たない。この理由により、リボはシンガポールで裁判を続けようとし、ブーヴィエはシンガポールではなくスイスの裁判を望んだというわけである。

この事件は、訴訟当事者にとって、裁判地の選択は、単なる便利さの問題を超え、勝敗に直接影響する重大な意味を持つ場合があることを示している。実際、この事件におけるシンガポール上訴裁判所の判決により、リボは戦略の練り直しが必要になったのである。

## 裁判はニューヨークとジュネーヴへ

２０１８年10月、リボは、サザビーズに対する損害賠償請求訴訟をニューヨークの連邦地方裁判所に提起した。サザビーズは、「サルバトール・ムンディ」を含む11点の取引において、売主のエージェントとして取引に関与していたので、ブーヴィエの忠実義務違反に加担したとの言い分である。その後、サザビーズの申立てにより、ブーヴィエもこの訴訟に参加させられた。

他方、ブーヴィエとサザビーズは、ジュネーヴの裁判所にリボに対する訴訟を提起し、忠実義務違反がなかったことの宣言を求めた。ジュネーヴでは、ブーヴィエの詐欺の責任を追及する刑事事件も裁判にかかっている。

リボとブーヴィエの紛争は、ニューヨークとジュネーヴの裁判を中心にしばらく続くことになるだろう。

## ■最後のダ・ヴィンチの誕生

この事件において問題発覚の発端となったダ・ヴィンチ作とされる「サルバトール・ムンディ」は、2017年にニューヨークで行われたクリスティーズのオークションにおいて4億5千万ドルという史上最高額で落札されたことにより大きな話題を呼んだ。この絵は、元々は、2005年、二人の美術商がわずか1175ドルで購入した作者不明の作品だった。それがダ・ヴィンチの作品として史上最高値が付くに至ったのは、八人のキーパーソンの働きによる。

まず一人目と二人目は、2005年にニューヨークでこれを共同で購入した美術商ロバート・サイモンとアレックス・パリッシュである。彼らは、この絵をダ・ヴィンチの真作と信じて購入し、直ちに修復を依頼して専門家の意見を求めるなど、真作であることの証明に努めた。

三人目は、ニューヨークの修復家ダイアン・モディステーニで、2005年から2008年にかけて、ロバート・サイモンらの依頼によりこれを洗浄・修復し、ダ・ヴィンチ風の作品に仕上げた。2011年には二度目の修復をしている。

四人目は、ダ・ヴィンチ研究の第一人者であるマーチン・ケンプ教授。2008年、サイモンがロンドンに作品を持って行き、五人のダ・ヴィンチ専門家にこれを見せたとき、ケンプ教授が真っ先にダ・ヴィンチの真作であるとの意見を述べている。

五人目は、ロンドンのナショナル・ギャラリーのキュレーターであるルーク・サイソン。彼は、20

11年にナショナル・ギャラリーにおける大規模なダ・ヴィンチ展を企画していたが、この展覧会のためにロバート・サイモンらから「サルバトール・ムンディ」を借り入れ、「新たに発見されたダ・ヴィンチ作品」としてこれを展示公開した。

六人目と七人目は本事件に登場するブーヴィエとリボロフレフである。2013年、ブーヴィエは、リボロフレフの依頼でこの作品をサイモンらから8千ドルで購入し、リボロフレフに1億2750万ドルで売り渡した。リボロフレフは、2017年にこれを売却するためオークションに出品した。経済的事情によりやむなく売却することにしたのだが、タイミングが絶妙だった。オークションへの出品が、ルーヴル美術館が開催した「ダ・ヴィンチ没後500年展」（2019年）の後だったとしたら、これほど成功しなかっただろう。

そして八人目は、2017年のオークションでこれを4億5千万ドルで購入したサウジアラビアの皇太子ムハンマド・ビン・サルマーンである。

なお、この八人に加え、2013年にロバートらのエージェントとしてブーヴィエに「サルバトール・ムンディ」を真作として売ったサザビーズと2017年のオークションを主催したクリスティーズがそれぞれ一役買っていたことは言うまでもない。

サルマーン皇太子は、ルーヴル・アブダビ美術館でこの絵を展示公開する予定だったが、公開予定日直前に取り止めた。また、パリのルーヴル美術館は、2019年に開催する「レオナルド・ダ・ヴィンチ没後500年展」への出展を求めたが、これも実現しなかった。その理由は、ルーヴル美術館は、この作品をダ・ヴィンチの真作と表示して展示することを確約しなかったためだ。「サルバトール・ムンディ」の真贋に疑いを持つ研究者や美術関係者は今でも少なくない。

結局、２０１７年のオークションの後、この作品は一度も公開されていない。これにより、「最後のダ・ヴィンチ」の神話は今日まで守られている。

事件04

## カラバッジョ「トランプ詐欺師」と一流オークションハウスの義務

スウェイツ対サザビーズ事件［イギリス］

### ■事件の経緯

キンベル美術館の「トランプ詐欺師」

「トランプ詐欺師」《口絵01》は、1592年頃に23歳のカラバッジョが描いた作品で、円卓を囲んでカードプレイをする三人の男たちのうちの二人の詐欺師が、もう一人の金持ちの若者を騙そうとする瞬間を描いたものである。この絵は、1890年頃から行方不明になっていた。

1987年、チューリッヒ文化研究所に「トランプ詐欺師」と同じ構図の一枚の絵の修復依頼があった。チューリッヒ文化研究所は、これを分析し、カラバッジョ研究者であるミナ・グレゴリ教授他数名の専門家に意見を求めたところ、カラバッジョの真作の可能性が出てきた。作品は、ニューヨークに運ばれ、メトロポリタン美術館の修復家チームによって洗浄、修復され、さらなる検討がなされた。その結果、カラバッジョ研究の最高権威デニス・マホーン卿、メトロポリタン美術館の代表キュレーター、ケース・クリスチャンセン博士らが、この絵は1890年頃に紛失したカラバッジョの「トランプ詐欺師」であると結論づけ、その研究結果を発表した。その後、この絵は、テキサス州のキンベル美術館が購入して所蔵している。

## もう一つの「トランプ詐欺師」

イギリスのカンブリア州の小村に住むウィリアム・スウェイツ大尉は、熱心な美術収集家だった。彼は、1962年、ロンドンのサザビーズで行われたオークションで、「トランプ詐欺師」という題名の絵を140ポンドで落札した。オークションカタログには、作者「カラバッジョ（アフター）」と表示されていた。美術界の用語で「アフター」とは、本人の作品ではなく、「その弟子または後世の画家が模写した作品」という意味である。彼は、この絵以外にも「トランプ詐欺師」のコピーを2点所有していた。スウェイツ大尉は1965年に亡くなり、遺言により、彼の従弟の息子であるランスロット・スウェイツがこれらを相続した。

## サザビーズのオークションへの出品

2002年、スウェイツ氏は、この絵の評価額を調べるために、サザビーズに査定を依頼した。サザビーズの査定額は9千ポンドだった。

2006年、スウェイツ氏はこれを売却することにし、サザビーズにオークションへの出品を依頼した。この折、彼は、「この作品がカラバッジョの真作かどうかをきちんと調査してほしい」とサザビーズに頼んだ。

サザビーズは、作品受領後、通常の手続きに従って、その出所来歴調査をし、スウェイツ大尉購入前の来歴が不明であることを確認した。次に、サザビーズの専門家チームは、作品自体を手触りと紫外線照射による目視により細部に至るまで観察し、キンベル美術館の所蔵品（キンベル作品）と比較検討した。社内の専門家会議の結果、この絵は、カラバッジョと同時代の追随者が描いたキンベル作品のコピーであるとの結論に達した。

この結論を聞き、スウェイツ氏は、「X線検査をしたうえで再検討をしてほしい」とサザビーズに頼んだ。オークション会社は、通常業務として出品作品の科学調査までは行わないので、この検査費用は出品者の自己負担となる。X線検査は、絵画を破壊せずに下描きなどを調べるのに役立つが直ちに真贋判定の決め手になるわけではない。しかし、スウェイツ氏が「無駄になっても構わない」と述べたので、サザビーズは外部のX線技師に撮影を委託した。ところが、検査結果を検討しても当初の結論を変更すべき事実は何も発見できなかった。さらにスウェイツ氏は、「作品を洗浄してはどうか」と提案したが、サザビーズは、「オークション前には洗浄しない方がよい」と答えた。

2006年11月、スウェイツ氏とサザビーズは、12月のオークションに出品するための委託契約を締結し、サザビーズは出品準備にかかった。オークションカタログには、この作品の作者として「17世紀におけるカラバッジョのフォロワー」と記載された。「フォロワー」とは、作者と同時期または作者が亡くなってから遠くない時期に、作者のスタイルを学んだ画家（ただし、作者の弟子であるとは限らない）という意味である。

オークションの下見会には予想外に多くの入札参加希望者が集まり、サザビーズに対してこの絵について問い合わせをしてきた。この様子に驚いたサザビーズは、オークションの5日前に社内の専門家チームにこの作品の再検討をさせたが、結論は変わらなかった。サザビーズが付けた落札予想価格は、2万ポンド以上3万ポンド以下だった。

### オークションの結果は?

オークションにおける「トランプ詐欺師」の入札には、著名な美術商たちがコンソーシアムを組んで共同で参加していた。オークションは、この美術商コンソーシアムとオリエッタ・アダムという女性との間の競り合いとなったが、コンソーシアムは4万ポンドで降りたため、最終的には、アダム夫人が4万2千ポンドで落札した。スウェイツ氏は、この金額からサザビーズの手数料、X線検査費用、搬送費用等を差し引いた3万4千ポンド余を受け取った。

### 二枚目の真作「トランプ詐欺師」の発覚

実は、アダム夫人は、カラバッジョ研究の権威であるデニス・マホーン卿の友人で、彼のために入札に参加していた。デニス卿は、過去にも何度か未発表のカラバッジョ作品を見つけ出していた。

デニス卿は、落札した作品のX線検査、赤外線検査、高分解能の画像撮影を行ったうえ、一流の専門家に洗浄させ修復させた。彼は、これらの結果に基づいてこの作品を分析し、この絵は、キンベル作品をカラバッジョ本人が自分の手で描き直した複製であると確信した。２００７年11月、デニス卿は、彼の97歳の誕生日パーティーの席でこのことを発表した。このニュースは直ちにマスコミに取り上げられ、4万ポンドで落札された作品が実は5千万ポンドを超えるカラバッジョの真作だった事実が広く知れ渡った。

スウェイツ氏は、このニュースに驚き、サザビーズに問い合わせた。しかし、サザビーズは、「この作品はフォロワーによるコピーである」という当初の見解を変えなかった。

２００８年、この絵は、イタリアの複数の美術館で開催したカラバッジョ展に貸し出され、カラバッジョの真作として展示された。これらの展覧会のカタログには、カラバッジョ研究の専門家でデニス卿の教え子でもあるミナ・グレゴリ教授の複数の論文が掲載された。一つの論文は、カラバッジョは自作の複製制作の依頼を受けて自ら作っていたこと、この作品はその一つと思われることなどを述べ、他の論文では、この作品とキンベル作品のX線検査および赤外線検査を比較し、「デニス卿が落札した作品が最初の真作であり、キンベル作品の方が後にカラバッジョが描いた複製である可能性がある」と指摘していた。

スウェイツ氏は、この状況に鑑み、サザビーズの判断と助言は間違っていたと確信し、２０１４年、

「サザビーズの不注意な助言により本来の評価額をはるかに下回る金額で作品を手放して損害を被った」と主張し、サザビーズに対して損害賠償を請求するための訴訟をロンドンの高等法院に提起したのである。

## ■裁判†6

### サザビーズは一流オークションハウスとしての義務を果たしたか？

原告のスウェイツ氏は、「被告サザビーズはクリスティーズとともに、世界の美術品取引業界を主導する国際的なオークションハウスとして高度な注意義務を負っているので、出品の依頼を受けた作品の真贋判定にあたり、一般的なオークション会社と同じ手法をとるだけでは不十分である」と主張した。

裁判所は、「サザビーズとクリスティーズは、主導的なオークションハウスであるから、美術品を評価するために高度な専門能力と知識を有する専門家を社内に備えておくこと、必要に応じて外部の一流の専門家にも助言を受けられる体制であること、作品の査定は適切な方法で十分に時間をとって行うこと、作品の状態が悪いことを査定できない理由にしないことが求められている」と述べたが、これらの点において「被告は主導的オークションハウスに要求される水準を満たしている」と判示した。

裁判所はさらに、「被告サザビーズが、作品の評価のために払う注意義務の内容に関しては、他のオークションハウスと変わるところはない」と述べた。被告が注意義務に違反したどうかは、オークションハウスが作品の評価の際に行うべき一般的な手続き、すなわち、出所来歴や関連文献の調査および社内専門家の鑑識眼に基づく作品自体の評価を適切に行ったかどうかを基準に判断すべしということである。

### サザビーズは注意義務に違反したか？

また、原告スウェイツ氏は、「被告の美術専門家たちが、第一にこの作品の出来栄えの悪さだけを根拠に真作ではないと評価した点、第二にこの作品がカラバッジョ作品特有の特徴および複製画ではないことを示す特徴を備えていることを見逃した点、第三に、X線検査結果を社内だけで検討したためにその評価を誤った点、第四に、赤外線検査をすべきことを原告に助言しなかった点に注意義務違反がある」と主張した。しかし、裁判所は、これらの主張をすべて斥けた。

第一の点に関し、裁判所は、「被告サザビーズの専門家チームが出した見解が外部の権威者たちと異なっていたとしても、そのこと自体は注意義務違反の証拠にならない。それよりも、被告が合理的な検討をしてそのような見解に至ったかどうかが重要である」と述べた。そして、作品に描かれたサイコロ台、若い男の帽子の羽、服装、明かりの処理その他の細部に関して被告の専門家がどのような理由でキンベル作品よりも劣っていると評価したかを逐一に分析のうえ、「被告が行った検討の方法と結果は十分に合理的である」と判断した。

第二点について、裁判所はまず、「カラバッジョ作品に特有の特徴は、そもそも研究自体が不十分であり、判断の材料とするのは困難である」とした。また、「複製画ではないことを示す特徴があるかどうかについて原告は様々な点を指摘しているが、どれも決定的ではないので、被告の判断が間違っていたことにはならない」と判断した。

第三点については、「オークション会社がX線検査結果を見て何らの疑義を感じなかった以上、その評価を外部機関に依頼すべき理由はない」とした。

第四点についても、「オークション会社は、赤外線検査を行う義務もその実施を助言する義務も負わないし、仮にこの検査を行っていたとしても、被告の最終評価に影響しなかった」と判示した。

結論
以上の理由により、2015年1月、裁判所は、被告サザビーズには注意義務違反はなかったと判断し、原告スウェイツ氏の損害賠償請求を認めなかった。

## ■事件の評価と教訓

### オークションハウスは作品の真贋をどこまで調査すればよいのか

この事件において、裁判所は、オークションハウスが出品希望者から作品を預かった場合にその作品に関してどの程度の調査・検討をする必要があるのかを、出品者に対する法的責任という観点から明らかにした。作品の真贋鑑定の方法には、①作品の出所来歴やこれに言及した文献の調査、②社内の美術専門家の鑑識眼に基づく評価、③外部の権威者への鑑定依頼、④X線、赤外線その他科学的検査方法による調査などがあるが、裁判所によれば、①と②を行ったうえで特に疑義がなければ、オークションハウスとしては、出品者との関係上は、③、④を行う義務を負わないこととなる。

ただし、社内の専門家がどのような方法でどのように判断をしたのかについて、裁判所は、客観的に合理性があるのかどうかを仔細に検討している。したがって、①および②の手続きに関して、オークションハウスはきちんと記録を残しながら慎重な調査を行うことが必要である。

## ■新たなカラバッジョ作品の発見

ミケランジェロ・メリージ・ダ・カラバッジョ（1571年－1610年）は、ルネサンス期が終わった後に活躍したイタリアの画家で、殺人の罪で逃走しながら晩年を過ごしたことでも知られている。彼の絵は、光と陰の明暗を強調する表現方法で劇的な場面を描く手法により、バロック絵画の形成に大きな影響を与えた。ベラスケス、レンブラント、フェルメール、ルーベンス、ジョルジュ・ラ・トゥールなどのバロックの巨匠は、カラバッジョがいなければ存在し得なかったともいわれている。

現在、カラバッジョの作品としてわかっているのは80点ほどに過ぎないが、20世紀後半以降に新たな真作の発見が増えている。実は、この事件に登場した原告の叔父スウェイツ大尉は、1946年にも、別のカラバッジョ作品「奏楽者たち」（１５９５年－１５９６年）を購入していた。町の骨董屋で複製品として手に入れたこの絵は、１９５１年にデニス卿によってカラバッジョの真作と確認され、メトロポリタン美術館が高額で買い取った。スウェイツ大尉は、生涯で二度もカラバッジョに大当たりしたということだ。

カラバッジョに関してこうした事件が頻発するのにはいくつかの理由がある。第一に、カラバッジョの作品は、同時代の多くの芸術家たちに影響を与え、「カラバジェスキ」と呼ばれる追随者を生んだ。その結果、カラバジェスキが真作を模写したり真似たりして描いたカラバッジョ風作品が多数存在する。本事件の「トランプ詐欺師」も、カラバジェスキによる50点以上のコピーが知られている。同時代に描かれた「カラバッジョ風作品」を真作と区別するのは容易ではない。第二に、彼は、他の画家たちとは異なり、弟子や助手による工房を設けず一人で制作をしてきた。しかも、１６０６年に殺人罪で指名手配を受けた後は、ローマ、ナポリ、マルタ、シチリアなどを逃げ回りながら作品を残したので、注文や納品の記録が残っていない。第三に、彼に弟子がいなかったこと、逃亡中に不慮の事故で死亡したことなどにより、その名声は死後まもなく急速に廃れてしまった。彼が再評価されたのは１９２０年代以降のため、カラバッジョ作品独自の特徴がまだあまり研究されていない。第四に、彼の光と影を用いた表現方法は、ルネサンスの巨匠たちの超絶技巧とは異なり、ある程度の技能がある画家であれば真似ることができる。加えて、カラバッジョは、生活に困窮していた時期、作品の出来不出来にこだわらず、自作のコピーを早描きで作成していたらしいので、真贋の区別はますます難しくなる。

最近、最も話題を呼んだカラバッジョの真贋事件は、２０１４年における「ホロフェルネスの首を切るユディット」の発見である。この絵は、フランス南部のトゥールーズにある民家の屋根裏で見つかり、カラバッジョの幻の真作ではないかと議論された。２０１６年、フランス文化庁はこれを国宝と認定して国外持出しを禁止した。その後の調査を経て、２０１９年2月、ルーヴル美術館はこれを購入しないことに決定し、持出し禁止は解かれた。しかし、それにもかかわらず、フランスのオークション会社は、この絵が真作であることを前提に買い手を募るためにオークションの準備を進めた。オークション会社による落札予想価格は1億5千万ユーロ（約１８４億円）だった。２０１９年6月、オークション予定日の2日前にこの絵は相対売買により個人コレクターに売却された。買主も代金も公表されていないが、「メトロポリタン美術館に近い者」が購入したと噂されている。「ホロフェルネスの首を切るユディット」の真贋は今も闇の中だが、デニス卿が落札した「トランプ詐欺師」を真作と判定したカラバッジョ研究の第一人者、ミナ・グレゴリ教授は、こちらの絵については「カラバジェスキによる、よく出来た複製画」と見ているようだ。

二枚目の「トランプ詐欺師」は、デニス卿が亡くなった２０１１年以降はデニス・マホーン卿財団が所蔵している。この財団は、２０２１年6月まで、ロンドンのセント・ジョン修道会ミュージアムにこれを預託し、無料で公開展示していた。

# II

# アートの著作権

アーティストが作品を創作したとき、多くの場合、その作品は著作物となり著作権が発生する。著作権とは、著作物やその複製品を、複製、展示、頒布《はんぷ》、貸与、譲渡その他の方法で利用する権利で、原則として、まず作品の創作者に帰属し、相続や譲渡によって移転する。著作物である作品を、著作権者の許諾を受けずにコピーしたり、コピーを譲渡したり貸与したりなどの方法で利用する行為は著作権の侵害となり、著作権者は、裁判所に訴訟を提起して、そのような行為を禁止したり、止めさせたり、損害賠償を請求したりすることができる。

しかし、この権利をあまりに広範囲に認めると、人々は著作権侵害のリスクに怯えながら生活しなければならなくなり、健全な社会活動を妨げる。そこで、著作権法は、通常の社会生活を営むうえで必要かつ適正であり、著作権者を害するおそれが少ない一定の著作物利用行為については、著作権者の許諾を受けなくてもよいことにしている。これに関し、日本の著作権法は、「正当な目的での引用」（著作権法32条1項）、「美術品の展示に伴う小冊子への掲載・上映・公衆送信」（47条）、「時事報道のための利用」（41条）など、著作権行使が制限される具体的な例外を定めている。他方、アメリカの著作権法は、著作権を侵害しない利用行為について†「フェアユース」という包括的概念を定め、裁判所が個別具体的に「フェア」かどうかを判断する方法をとっている。

【事件05】と【事件06】は、他人の美術作品を書籍、展覧会図録、新聞などに掲載する行為が著作権を侵害するかどうかが争われた日本の事件である。

【事件07】、【事件08】および【事件09】は、他人の作品を利用して新たな作品を作る行為が著作権侵害にあたるかどうかが争われたアメリカの事件であり、これらを順次に読めば、アメリカの裁判所が「フェアユース」の判断基準を作り上げてきた過程を知ることができる。

事件05

# レオナール・フジタ作品は書籍、展覧会図録に掲載できるのか？

フジタ作品掲載の書籍販売等差止請求事件他【日本】

## ■事件の経緯

『原色近代日本の美術』にフジタ作品を掲載できるか？（第1事件）

株式会社小学館は、近代日本美術史を体系的に編纂した『原色近代日本の美術』という全集本の発刊を企画し、この第七巻の中で藤田嗣治（レオナール・フジタ）を扱うことにした。小学館は、１９７７年から2年に亘り、この第七巻にフジタの作品を掲載することについて、著作権の相続人である藤田君代夫人に許諾を求めたが、夫人はあくまでこれを拒絶した。

１９７９年9月、小学館は、フジタ作品を独立した図版としては掲載せず、その代わり、この書籍を執筆した美術史家富山秀男の論文「近代洋画の展開」（富山論文）の中でフジタの絵画12点の複製画を補足図版として掲載することにし、この本を出版・販売した。

１９８０年、藤田君代夫人は、「小学館が許可なくフジタ作品を複製して書籍に掲載した行為は著作権を侵害する」と主張し、『原色近代日本の美術・第七巻』の販売差止め、損害賠償等を求めて、東京地方裁判所に訴訟を提起した。

## 「レオナール・フジタ展」の展覧会図録にフジタ作品を掲載できるか？（第2事件）

美術書の出版社であるアート・ライフ社は、レオナール・フジタの生誕１００年を記念して回顧展「生誕百年記念レオナール・フジタ展」を企画し、その準備を進めた。展覧会は、１９８６年10月から１９８７年4月にかけて東京、大阪、京都、広島、福岡の美術館を巡回して開催することにした。

１９８６年2月、協賛者や監修協力者が決まり、展示作品の借受けの見通しがみえてきた段階で、著作権者である藤田君代夫人に展覧会開催の許諾を求めたが、夫人はこれに反対した。しかし、アート・ライフ社は、もはや中止は困難と判断し、夫人の同意なしで、展覧会を開催した。

アート・ライフ社は、展覧会の観覧者に販売するための展覧会図録を作成し、最初の会場である新宿小田急グランドギャラリーで販売を開始した。この図録には、１０６点のフジタ作品の図版が掲載されている。

１９８７年、藤田君代夫人は、アート・ライフ社による展覧会図録の印刷、製本、販売の差止めと損害賠償を求めて、東京地方裁判所に訴訟を提起した。

## ■『原色近代日本の美術』（第1事件）の裁判[+2]

### フジタ作品の掲載は「正当な目的での引用」とはいえない

日本の著作権法32条1項は、「公表された著作物は、引用して利用することができる。この場合において、その引用は、公正な慣行に合致するものであり、かつ、報道、批評、研究その他の引用の目的上正当な範囲内で行なわれるものでなければならない」と規定している。第1事件の被告小学館は、本件の複製画は、富山論文の補足図版として掲載したので、著作権法32条1項により許容されている「正当な目的での引用」にあたり、原告の著作権を侵害しないと主張した。

しかし、裁判所は、掲載された複製画は、上質紙を用いた各ページの八分の一から三分の一を占め、鑑賞図版に勝る大きさのものもあること、掲載位置は、3点は表題の下、他の9点は該当ページの三分の一を占めるに過ぎない富山論文の上部に割り付けられていること、カラー図版は、美術性に優れている点では鑑賞図版と大差がないことなどから、それぞれ十分に鑑賞性を有すると判断し、さらに富山論文は掲載されたフジタ作品について言及してはいるが、その内容との結び付きがそれほど強くないことを考慮し、「被告小学館の書籍に掲載された複製画は、それ自体鑑賞性を持った独立した図版なので、正当な目的での引用とは認められない」と判示した。

1987年10月、東京高等裁判所は、これらの理由により原告藤田君代夫人の請求を認め、被告小学館に対し、本件書籍の販売の差止め、フジタ作品を撮影したフィルム等の廃棄、および原告が被った損害の賠償を命じた。

## ■「レオナール・フジタ展」事件（第2事件）の裁判[†3]

画集と変わらない展覧会の図録は「小冊子」ではない

日本の著作権法47条は、美術品を展示公開する者は、「観覧者のためにこれらの著作物の解説または紹介をすることを目的とする小冊子にこれらの著作物を掲載することができる」と定めている。第2事件の被告アート・ライフ社は、展覧会図録は、著作権法47条に規定する「小冊子」にあたるので、著作権を侵害しないと主張して争った。

しかし、裁判所は、「小冊子とは、観覧者のために著作物を解説または紹介するための小型のカタログ、目録、図録などを意味する」と述べ、被告の図録は、「実質的に見て鑑賞用として市場で取引されている画集と異ならない」と判断した。

1988年10月、東京地方裁判所は、第2事件の被告アート・ライフ社による展覧会図録の出版、販売を差し止め、原告に対する損害賠償を命じた。

## ■事件の評価とその後

## 画集に載せても通用する程度の複製画を利用するときは著作権者の許可をとるのが常識

第1事件は、フジタ作品の書籍への掲載が著作権法上許される「正当な目的での引用」にあたるかどうかが争われた。裁判所は、作品の複製がこれを引用する富田論文に対して付従的なものであるかどうかを詳細に検討し、掲載されたフジタ作品の複製画はそれ自体鑑賞性を持った図版として独立性を有すると認定し、「引用」であることを否定した。

美術の出版物は、美術作品やその作者の紹介、解説に加えて作品そのものを図版の掲載により紹介することを目的としているものが多い。この事件の判決は、美術関連の書籍に画集などに掲載される図版と同程度の複製画を載せた場合は、原則として「正当な目的での引用」の抗弁が通用しないことを示している。

第2事件の判決は、展覧会の展示品を紹介するために作成・発行される展覧会図録が著作権法47条により許されている「小冊子」にあたらないことを明らかにした。この事件の判決が下されるまで、展覧会の企画者たちは、著作権法47条の適用があることを前提に、著作権者に断りなく展覧会図録を発行していた。しかし、この事件の裁判所が、「そのような実情があるとすれば、それは著作権法に反する」と明言したことによって、これ以降、展覧会図録を作成・販売する際は、著作権者の許可をとることが実務上の常識となった。

展覧会図録は、展覧会を記録に残し、その成果を公表するために不可欠であり、図録を準備できないと展覧会の企画自体が困難になる。実際、この判決後しばらくの間、レオナール・フジタの個展は、日本では事実上開催できなかった。

## ■レオナール・フジタと日本：戦争画をめぐって

レオナール・フジタ（1886年－1968年）は、日本に生まれ、1910年代から20年代のパリで活躍した、エコール・ド・パリを代表するフランスの画家である。当時、その独自の技法による「乳白色の肌」と呼ばれた裸婦像がフランス画壇の絶賛を浴びた。

フジタは1930年代に世界各国を巡り、1939年、第二次世界大戦が勃発したため日本に戻った。帰国後直ちに、彼は陸軍から戦争画の制作を要請されるようになる。太平洋戦争が始まる1941年には、当時最も権威があった帝国芸術院の会員に選ばれ、陸軍美術協会理事長にも就任した。当時の日本政府は、芸術を国威発揚、戦意高揚の道具にしていたので、彼の才能と国際的名声を利用する意図だったと思われる。しかし、フジタは、日本の画壇と政府から初めて正当な評価を受けたことを喜び、これに応えて南方などの戦地を訪問し、「アッツ島玉砕」などの傑作を描いた。

ところが、太平洋戦争が終結すると、軍部に協力した画家たちを「戦争協力者」と呼ぶ者が出てきた。左翼系の日本美術会は、フジタに対し、「連合軍に出頭して画壇を代表して責任をとってほしい」と要請し、「戦争責任者リスト」の筆頭に彼の名を記入するなどしたのである。結局、連合軍は戦争責任者に画家を含めなかったが、フジタはこの状況に嫌気がさし、日本を離れることにした。1949年、彼は先にビザが下りたアメリカへ立ち、翌年にはフランスに戻った。マスコミはこれに対し、「フジタは日本を捨てた」などと報じたが、彼自身は「日本に捨てられた」との思いだったようだ。その後、フジタはフランス国籍を取得し、二度と日本の土を踏むことがなかった。

藤田君代夫人は、この間を彼と共に過ごし、彼の無念の思いを聞かされてきた。君代夫人には、戦後にそのような仕打ちをした日本画壇やマスコミが何らの謝罪もせず、日本美術の枠の中に勝手にフジタをはめ込んで利用しようとする態度が許せなかったのだろう。彼女は、ここで紹介した二つの事件以外でも、フランスでフジタ作品を掲載する書籍『レオナール・ツグハル・フジタの生涯と作品』の出版差止め請求訴訟や日本の裁判所にこの本の輸入禁止仮処分申立てを行い、フジタ作品の日本における利用を阻止していた。†4

しかし、21世紀に入り、彼女と日本はようやく和解ができたようだ。２００６年、東京国立近代美術館は、藤田君代夫人の許可のもとに「生誕１２０年藤田嗣治展」を開催した。第2事件の「生誕百年記念レオナール・フジタ展」から20年ぶりに実現したフジタの大規模回顧展だった。

「アッツ島玉砕」をはじめとするフジタの戦争画は、太平洋戦争後、ＧＨＱに接収されアメリカに渡ったが、１９７０年にアメリカ政府から日本政府に無期限貸与され、現在は東京国立近代美術館に収蔵されている。

事件06

# ピカソ「曲芸師と幼いアルルカン」等は展覧会の宣伝に利用できるのか?

バーンズ・コレクション展事件〔日本〕

## ■事件の経緯

ピカソ作品のバーンズ・コレクション展の図録への掲載

バーンズ・コレクション展は、1994年の1月から3月まで、国立西洋美術館と読売新聞社が共同主催により開催した展覧会である。この展覧会には、バーンズ財団のコレクションの中から、印象派、後期印象派その他の作品など80点が出品された。展示品には、「曲芸師と幼いアルルカン」、「苦行者」をはじめとするピカソの作品7点も含まれていた。

読売新聞社は、その7点を含む全作品の複製画を掲載した展覧会図録を作成、発刊した。

### 展覧会の入場券、割引券

展覧会の入場券には、展示品の目玉となる作品の図版が掲載される。この展覧会では、読売新聞社は、「曲芸師と幼いアルルカン」を入場券と割引券に印刷した。

### 新聞紙面への掲載

ピカソ作品のコピーは、読売新聞社が発行した新聞の記事にも使用されていた。読売新聞社は、バーンズ・コレクション展開催が決定したことを公表するプレスリリースの日（1992年12月2日）の朝刊一面に、「幻のバーンズ・コレクション日本へ」との大見出し、「94年1月、国立西洋美術館」などの小見出しの下に、四段にわたる記事とピカソの「曲芸師と幼いアルルカン」を含む3点の作品コピーを掲載した。また、1993年11月、夕刊でバーンズ・コレクション展に関する特集記事を組み、「秘蔵の名画ついに日本へ」、「バーンズ・コレクション展」との大見出しの下に、三人の著名人の談話と5点の作品コピーを掲載した。その一つは、女優鶴田真由の談話記事で、「ピカソの『苦行者』今度はじっくりと」との表題で、彼女がその年の9月にパリでバーンズ・コレクション展を一足先に見てきたことに続き、「中でも私が最も引き込まれたのは、ピカソの青の時代を代表する作品『苦行者』でした。それは、一昨年の夏、成城大学3年（西洋美術史専攻）の時に欧州6か国の美術館をめぐるツアーに参加して、ゴッホの最晩年の作品群にショックを受けて、卒論にゴッホを選ぶ決心をしたときの経験に似ていました。」と記載され、「東京・上野の西洋美術館でのバーンズ・コレクション展では、心ゆくまで観賞したい。」と結ばれていた。さらに、翌1994年1月22日、展覧会の開催日の前後をまたいで、「秘蔵の名画　バーンズ・コレクション展から」という題目でシリーズ掲載した記事の一つとして、読売新聞社の文化部記者の署名記事とピカソの「曲芸師と幼いアルルカン」が掲載された。記事は、バーンズ財団を創設したバーンズの生い立ちを紹介し、「ピカソかマティスか、今世紀の絵画を代表する二人の巨匠のうち、バーンズが好んだのはマティスの方だった。だが、この傑作については、彼も虚心に優れていると認めざるを得なかったようだ。」と結んでいた。

## ピカソ作品の著作権者に許諾をとらず

画家ピカソは、1973年に死亡し、彼が描いた作品の著作権はその遺族が相続していた。読売新聞社は、この展覧会に出品される作品の著作権利用に関し、ヨーロッパ作家の著作権を一手に管理する団体（当時）であるSPADEMの許諾を得ていた。しかし、ピカソ作品に関して、著作権者であるピカソの遺族らは、著作権利用許諾権をSPADEMに委任していなかった。読売新聞社は、そのことを知らなかったため、ピカソ作品の利用に関し遺族らの許諾を取らなかった。

遺族ら（原告）は、この展覧会の図録、入場券や新聞記事に、ピカソ作品の複製が無断で使われていることを知り、読売新聞社（被告）に対し、右の各行為が原告の著作権を侵害するとして、被告の行為の差止めおよび損害賠償を求めて訴訟を提起した。

## ■裁判[5]

「小冊子」にあたるか？　展覧会図録への掲載は許されない

展覧会図録に関しては、既に紹介した【事件05】の第2事件（「レオナール・フジタ展」事件）と同様、著作権法47条に規定する「小冊子」にあたるかどうかが争われた。「バーンズ・コレクション展」の図録は、上質紙により、縦30センチ、横22・5センチの規格で、総頁数136ページのうち92ページに作品80点のコピーが、1ページまたは見開き2ページにつき1点が掲載され、各ページの下部四分の一のスペースに解説文が記載されたものであり、ピカソの絵画7点はカラー印刷で7ページにわたり掲載されていた。裁判所は、「被告読売新聞社の図録は実質的に見て鑑賞用として市場で取引されている画集と異ならない」と判断し、原告に無断でこれらを掲載した行為は著作権侵害にあたると認めた。

### 引用する行為と著作権者の許諾

著作権法32条1項は、「報道、研究その他の正当な目的のために他人の著作物を引用する行為は著作権を侵害しない」と定めている。被告読売新聞社は、「展覧会の入場券等に代表的な展示品を掲載することは広く行われている正当な慣行なので、この規定に基づいて許される」と主張した。

しかし、裁判所は、「入場券等は著作物ではないので、絵画を掲載する行為はそもそも引用とはいえないし、仮にそのような複製が広く行われているとしても、正当化の根拠がないことに変わりはない」

として、この主張を斥けた。

## 「正当な目的での引用」とは？

被告読売新聞社は、展覧会の開催にあたり、その事実を報道する記事やその展示品である絵画を説明する記事において、作品を新聞紙上に掲載することは、「正当な目的での引用」または「報道の目的上正当な範囲内の利用」であり、このような記事の中での図版の掲載は広く行われていることなので、著作権を侵害しないと主張した。

裁判所は、展覧会の開催が決定したことを公表する日（１９９２年12月２日）の記事は時事事件の報道であり、その中における絵画の掲載は、報道の目的上正当な範囲内であると述べた。しかし、それ以外の記事は報道目的とはいえないし、また各記事の内容との関係上、それぞれの作品を引用する必要性が乏しいうえ、外形的に読者が受ける印象も記事内容よりも絵画の方が大きいので、これらはむしろ絵画の紹介を主眼とした記事であり、「正当な目的での引用」にもあたらないと判示した。

## 結論

以上の理由により、裁判所は、１９９０年2月、被告の言い分はほとんど認めず、展覧会図録、入場券、割引券、およびプレスリリースの日以外の新聞記事における作品の図版の掲載は、著作権侵害であると判示した。

## ■事件の評価とその後

### 展覧会を開催するときは展示品の著作権者に確認を

先に紹介した【事件05】の第2事件（「レオナール・フジタ展」事件）の判決は、展覧会図録の作成、販売は著作権者の許可なしにはできないことを示した。本判決は、その点を再確認したうえ、さらに、入場券等や新聞記事における展示品の掲載など、展覧会の主催者がこれまで広く行ってきた行為の多くは著作権侵害であることを明らかにした。

この判決以降、展覧会の主催者は、展示を予定している美術品の著作権者が誰かを確認したうえ、展覧会図録やポスター、入場券等への展示作品の掲載、新聞広告や新聞記事への掲載、絵葉書、クリアファイルその他ミュージアムグッズへの利用に関して著作権者から利用許諾を得ておくことは、不可欠の手続きとなった。

## ■アルバート・C・バーンズとバーンズ財団

バーンズ・コレクションは、アメリカの化学者で事業家のアルバート・C・バーンズ（１８７２年－１９５１年）の美術品コレクションである。彼は、１９１０年代から、当時はまだ評価の低かった、印象派、後期印象派、マティス、ピカソなどを中心に収集を始めた。アメリカの富豪たちがルネサンス、バロック期の巨匠の作品をこぞって買い漁っていた時代に、バーンズは当時の「アバンギャルド（前衛芸術）」ばかりに関心を持ち、しかもルノワール、セザンヌ、マティス、ピカソの四人の作品だけで4割を占めるなど、コレクションにかなりの偏りがあった。当初は自宅に飾っていたコレクションの展示方法も、バーンズ独自の美感に基づく独特のものだった。彼は、部屋の壁全体を覆うように絵画を配置し、作者、年代、美術史上の位置づけなどには関係なく、たとえば同じような色合い、構図の絵をシンメトリックに並べるなど、部屋全体の美観を重視した。美術専門家の中には、彼のコレクションの偏りや美術史を無視した展示方法を批判する者も少なくなかったが、バーンズは、自らの審美眼と美学に従った方針をけっして変えようとはしなかった。

1922年、彼は、美術教育と美術鑑賞の向上を促進することを目的にバーンズ財団を設立し、全ての所蔵品を寄贈したうえ、フィラデルフィア郊外に建てた大邸宅風の施設に収蔵することにした。この際、バーンズは、貧困者、マイノリティなどの社会的弱者でも美術教育が受けられる民主的な教育研究施設としての機能を維持するため、財団の運営方針に関して厳格なルールを設けた。第一に、個々の美術品の展示場所は、彼が決めたとおりの配置を変えないこと、第二に、美術品は、現在の施設以外の場所では展示しないこと、第三に、展示品は他の美術館等に貸し出さず、図録等の作成を認めないこと、第四に、美術品の観覧は、原則として教育研究を目的とする者に限定すること、ただし、労働者階級の一般市民だけのために日時を限定した公開日を設けることなどである。この方針に基づいて、エルヴィン・パノフスキー、T・S・エリオット、ル・コルビジェ、ウォルター・クライスラーらは参観の申入れを断られている。

しかし、１９５１年にバーンズが亡くなった後、市民の間から厳格な参観制限に対する批判の声が上がり、１９５８年、ペンシルヴェニア州は、免税法人としての特権を有する財団がそのコレクションを一般公開しない理由の開示を求める民事訴訟をモンゴメリー群裁判所に提起した。事件は最高裁まで争われたが、１９６０年に和解が成立し、バーンズ・コレクションは、１９６１年3月から、週に2日間だけ一般公開されることになった。

その後１９９2年、財団の財政がひっ迫し、このままでは美術品の保全修復や建物の修繕維持が困難となったことから、財団理事たちは、資金集めのため、コレクションの一部を出品した巡回展を世界の主要都市で開催するとともに、その図録の刊行を認可することにした。これにはバーンズが定めた財団の目的を変更する必要があるので、理事たちは、モンゴメリー群裁判所に目的変更の許可を申し立てた。こうして裁判所の許可を受けて、１９９3年から１９９5年までの間、83点の所蔵絵画は世界ツアーに送り出され、各国の大都市で「バーンズ・コレクション展」が開催された。本事件の展覧会が東京で行われ、図録が刊行されたのは、この一環である。

しかし、財団の財政難の改善にはこれだけでは不十分で、数年後には同じ問題に直面する。２００４年、財団は、バーンズの当初の方針を全面的に改め、フィラデルフィア市内に美術館を建ててコレクションの大半を市民に有料で展示公開することを決めた。その後2年の法廷闘争を経て、２００6年、モンゴメリー群裁判所は、美術館の新設と美術品の移転計画を認める旨を決定した。それ以後も市民や美術関係者の反対運動と計画中止を求める訴訟提起が続く中、バーンズ財団は、フィラデルフィア市内に新しい施設を建設し、２０１２年、バーンズ美術館が開館した。これにより、バーンズ・コレクションは、事前予約さえすれば誰でも観覧することができるようになった。

バーンズ美術館の内部には、以前の施設と同じ構造の展示室を設けられ、各美術品はバーンズが生前に指定したとおりの配置で展示されている。その充実した印象派以降の作品群と独創的な展示空間は多くの来館者を魅了し、もはやこれを批判する者はいない。

事件07

# ジェフ・クーンズ「ストリング・オブ・パピーズ」、「ナイアガラ」と著作権の侵害？

ロジャーズ対クーンズ事件とブランチ対クーンズ事件［アメリカ］

木製の彫像「ストリング・オブ・パピーズ」事件（第1事件）

スナップ写真「仔犬たち」の利用は著作権を侵害するのか？

## ■事件の経緯

アート・ロジャーズは、カリフォニア州に居住するプロの写真家である。1980年、彼は知人のジム・スキャンロンから、「最近飼い始めた八匹のジャーマンシェパードの仔犬たちを写真に撮ってほしい」との依頼を受けた。ロジャーズは、スキャンロン夫婦と仔犬たちが一緒にいる構図を提案し、ベンチに座った二人が八匹の仔犬を抱いた写真を撮った。ロジャーズは、この写真に「パピーズ（仔犬たち）」との題名をつけ、地方紙のコラムに掲載した。「パピーズ」は、1982年にサンフランシスコ近代美術館で開催された展覧会に出品された。１９８４年、彼は、ミュージアム・グラフィック社に、この写真を使ってメッセージカードを製造販売するためのライセンスを付与した。

アメリカの美術家ジェフ・クーンズは、１９８７年暮れ頃、ミュージアム・グラフィック社が製造販売する、ロジャーズの写真が使われたメッセージカード二枚を購入した。彼は、これを新しい作品に利用することにし、写真が掲載されたカードの隅に印刷されているアート・ロジャーズの著作権表示の部分を切り落とし、これをイタリアのデメッツ・アーツ・スタジオ社に送った。そして、写真に写っている人物や仔犬と全く同じポーズの木製の彫像を四体作るようにと依頼し、色や大きさ（62インチ×37インチ×31インチ）を指定した。クーンズは、完成した彫像を「ストリング・オブ・パピーズ」と名付けた。

この作品は、クーンズの他の作品とともに、１９９８年12月にニューヨークのソンアーベント画廊で開催された彼の個展に展示された。展覧会の後、このうち三体は、合計36万7千ドルでコレクターに売却され、残る一体はクーンズが保持し、ロサンゼルス現代美術館の展覧会に出品された。

ロジャーズは、スキャンロン氏から、「サンデー・ロサンゼルス・タイムズの一面に、ロサンゼルス現代美術館の展覧会の記事とともに『パピーズ』によく似た写真が掲載されている」との連絡を受け、彼の写真が無断で利用されていることを知った。

１９８９年10月、ロジャーズ（原告）は、クーンズとソンアーベント画廊（被告ら）に対して著作権侵害によるクーンズ作品「ストリング・オブ・パピーズ」の使用差止めと損害賠償を求めるため、合衆国（ニューヨーク南部地区）連邦地方裁判所に訴訟を提起した。

## コラージュ作品「ナイアガラ」事件（第2事件）

### ファッション誌掲載広告写真の利用は著作権を侵害するのか？

アンドレア・ブランチは、商業雑誌に使われるファッション写真や肖像写真を専門とするプロの写真家である。２０００年、彼女が撮った「グッチのシルクサンダル」という題名の写真が月刊誌アリューア8月号に掲載された。サンダル履きでマニキュアをした女性の両足が、航空機のファーストクラス席に腰かけた男の膝に乗っている写真である。ブランチは、女性の性的魅力を強調する意図でこのような写真を作成した。

同じ年、ジェフ・クーンズは、ドイツ銀行とグッゲンハイム美術館がドイツ・グッゲンハイム・ベルリンで共同開催する展覧会のため、新たな作品の制作依頼を受けていた。彼は、アリューア8月号掲載のブランチの写真を見たとき、そのサンダル履きの両足が広告宣伝用写真に使われる典型的な女性のイメージを表現していると感じ、この部分を彼自身の作品に利用することにした。そこで、この写真をコンピュータにスキャンしたうえ、サンダル履きの両足部分だけを切り取って四組のコピーを作り、足先を下向きにして、ナイアガラの滝の風景写真にコラージュとして貼り付けた。サンダルの下方にはアイスクリーム付きチョコレートファッジ、アップルデニッシュ、ドーナツなどの菓子類の写真をコラージュした。これを拡大してプリントした作品は、「ナイアガラ」として展覧会に出品された。

２００３年夏、グッゲンハイム美術館は、ニューヨークで開催した展覧会で「ナイアガラ」を展示し、またこれを掲載した展覧会図録や絵葉書を販売した。

2003年10月、ブランチ（第2事件の原告）は、彼女が撮った写真が無断で利用されていることを知り、クーンズ（被告）に対して著作権侵害による損害賠償を求め、合衆国（ニューヨーク南部地区）連邦地方裁判所に訴訟を提起し、翌2004年8月、ドイツ銀行とグッゲンハイム美術館も被告に追加した。

## ■「ストリング・オブ・パピーズ」事件（第1事件）の裁判†6

社会風刺はフェアユースではない？

著作権侵害を根拠とする原告ロジャーズの請求に対し、被告クーンズらは、原告の作品を利用した行為は、「フェアユース」にあたると主張して争った。

「フェアユース」とは、「批評、論評、報道、教育、調査研究その他正当な目的で他人の著作物を利用する行為」を意味する。アメリカの著作権法上、「フェアユース」、すなわち、正当な目的のために利用する行為は、著作権者の許諾をとらなくても著作権を侵害しないとされている。

被告らは、「クーンズによるコラージュ作品は、現代社会の価値観を風刺しているので、批評、論評という正当な目的がある」と主張した。

しかし、裁判所は、著作権法のいう「批評、論評」とは、利用される著作物を対象とするパロディ等を意味するとし、「被告クーンズの作品が社会に対する風刺を意図していても、原告の写真作品『パピーズ』に対する論評ではないので、そのことだけでは正当な目的があることにはならない」と述べた。
アメリカの著作権法はさらに、フェアユースとして許されるかどうかは、①利用の目的および性質（特に、商業目的か非営利の教育目的か）、②利用される著作物の性質、③利用される部分の重要性（本質的な部分かどうか）と割合、④利用される著作物の市場性・経済的価値への影響を総合的に勘案して判断すべきものと定めている。[†7]
裁判所は、被告クーンズの作品を原告の写真作品と比較しながら、これらの四つの要素を以下のとおり検討した。

①利用の目的と性格

被告クーンズは「ストリング・オブ・パピーズ」三体を売却して多額の収益を得たので、商業目的である。

②利用される著作物の性質

原告ロジャーズの写真「パピーズ」は、事実や研究成果の報告や記録をするものではなく、創作的な作品である。

③利用される部分の重要性と割合

被告の作品は、原告の写真の全体を利用している。

④利用される著作物の市場性・経済的価値への影響

彫像である被告の作品と原告の写真作品とは市場が異なり、今のところは競合していないが、原告が将来、写真の著作権をライセンスすることもあり得るので、将来に亘り競合しないとは言い切れない。

以上の検討の結果、裁判所は、①、②、③および④の要素はすべてフェアユースを否定しているので、被告クーンズによる原告の写真の利用は、原告の著作権を侵害していると判断した。

結論

裁判所は、以上の理由で被告クーンズおよびソンアーベント画廊による彫像作品「ストリング・オブ・パピーズ」の使用差止めを認めた。なお、損害賠償請求に関しては、損害額の立証が不十分なので、さらなる審理を要すると判示している。

## ■「ナイアガラ」事件（第2事件）の裁判[†8]

広告宣伝用写真を利用したマスメディア批判には新規性がありフェアユースにあたる

この事件の裁判でも、被告クーンズがコラージュ作品「ナイアガラ」を制作するにあたり、原告ブランチの写真を利用した行為が「フェアユース」にあたるかどうかが争点になった。

裁判所はまず、「他人の著作物の利用がフェアユースかどうかを検討するうえで最も重要な点は、原作品を利用したことにより生まれた作品が新規性を有するかどうか、すなわち、原作品の単なる作り直しではなく、その表現、意味、メッセージとは異なる目的や性質の新たな創作物といえるかどうかである」とする判例法に言及した。[9] そのうえで、フェアユースを判定するために考慮すべき四つの要素、すなわち、①利用の目的および性質、②利用される著作物の性質、③利用される部分の重要性と割合、④利用される著作物の市場性・経済的価値への影響を以下のとおり検討した。

①利用の目的と性格

被告クーンズのコラージュ作品「ナイアガラ」の目的・性質はマスメディアの社会的影響に対する論評である点において、原告の写真が意図したものとは全く異なるので新規性がある。被告の作品は収入を得るための商業目的で作成したものではあるが、新規性が認められる以上、原告の写真の著作権を害する可能性は低い。

原告ブランチは、「クーンズの作品は原告の写真を論評するパロディではないので、これを利用することに正当性がない」と主張するが、マスメディアを論評するには、実際にマスメディアが扱っている作品を利用する必要があるので、商業雑誌に載っている被告写真のイメージを利用することには正当性が認められる。

②利用される著作物の性質

原告ブランチによる写真作品「グッチのシルクサンダル」に創作性はあるが、被告の作品に新たな創作物としての新規性がある以上、原告の写真の創作性はフェアユースを判断するうえで重要な要素ではない。

③利用される部分の重要性と割合

被告のコラージュ作品は、原告の写真全体ではなく、社会風刺の目的のために必要な範囲内で一部を切り取って利用している。この点は、フェアユースであることを推定する。

④利用される著作物の市場性・経済的価値への影響

原告がその写真を月刊誌アリューア以外では公表していないこと、第三者にその著作権をライセンスしていないこと、被告の作品によって不利益を受けていないと認めていることなどによれば、将来の市場性を害するおそれはない。

結論

以上の検討の結果、2006年10月、裁判所は、被告クーンズらのフェアユースの主張を認め、被告らは原告ブランチの著作権を侵害していないと判示した。

## ■事件の評価

### フェアユースといえるかどうかの判断には作品の「新規性」が重要

第1事件と第2事件は、いずれもジェフ・クーンズが他人の著作物を無断で利用し、著作権侵害で訴えられた事件だが、裁判所の両者に対する判決は正反対だった。すなわち、前者ではクーンズによるフェアユースを否定して著作権侵害あり、後者ではフェアユースを認めて侵害なしとの判断だった。

この両事件の間には、キャンベル対アカフローズ・ミュージック事件という訴訟があった。[†10] この事件は、映画「プリティウーマン」の主題歌のパロディを作ったラップ・グループが元歌の著作権者から訴えられたというものである。裁判所は、フェアユースの判定基準として「新規性」という要素を示し、「ラップ曲には元歌および社会を風刺している点において新規性があるので、原作品を利用する目的に正当性がある」として、フェアユースの抗弁を認めた。「新規性」は、原作品の単なる作り直しではなく、その表現、意味、メッセージとは異なる目的や性質の新たな創作物であるときに認められる。著作権法の目的が新たな創作活動の保護・促進であることに照らせば、新たな創作をするために他人の作品を利用しても正当と認めてよいという理屈である。

新規性という基準を使えば、フェアユースの主張が認められる可能性が少し広がる。第1事件で、クーンズは、彼の作品には社会風刺という目的があるから正当な論評であると主張したが、裁判所は、「原作品に対する批判や論評ではないので正当とはいえない」と判示した。しかし、原作品を論評していなくても、新たな創作といえる場合もある。第2事件の裁判所は、「社会風刺という新たな目的のために創作をした作品には新規性がある」と判示した。ただし、この事件では、ブランチの商業用写真はマスメディアの一部だったので、マスメディアに対するクーンズ作品の論評の対象にこの写真が含まれていた。なお、これに対し、次に紹介する【事件08】（カリュー対プリンス事件）では、原作品と全く関係がない目的で利用したときでも新規性が認められる場合があることが示されている。アメリカの判例法上のフェアユースは、事件を重ねるごとに少しずつ進化しているのである。

## ■ジェフ・クーンズとその作品

ジェフ・クーンズ（1955年－）は、存命しているアメリカの現代美術家として最も成功している人物である。彼の作品は、キッチュなイメージを特徴とする。「キッチュ」とは、大衆文化の安っぽさや通俗性をあえて活用して、従来の芸術が持っている高級で上品なイメージを壊そうとする美意識である。クーンズは、コンサルタントを雇い、作品のみならず自身のライフスタイルでもキッチュのイメージを徹底して守った。その作品としては、ウサギのおもちゃを巨大にしたステンレス鋼製の「スタチュアリー」（1986年）、歌手マイケル・ジャクソンとペットのチンパンジーのバブルス君の金粉を施した等身大の座像「マイケル・ジャクソン・アンド・バブルス」（1988年）などが有名である。このような作風のため、紹介した二つの事件以外でも、彼は多くの著作権侵害の訴訟を受け、第2事件以外はすべて敗訴している。しかし、著作者の許諾を得ないことや和解をしないことに鑑みれば、これらの紛争も彼のイメージ戦略の一部である可能性が高い。私生活では、1991年にイタリアのポルノ女優で国会議員だったチッチョリーナと結婚し、二人のセックスを扱った「メイド・イン・ヘブン」という作品をベネチア・ビエンナーレで公表し、論争を巻き起こした。保守的な美術界や美術愛好家は、彼の作品の陳腐さと品のなさを厳しく批判するが、論議を呼べば呼ぶほどファンが増えて作品が高く売れる構図である。

２００８年、彼は現代美術家として初めて、ベルサイユ宮殿での展覧会を開催し、王宮内や庭園に場違いのバルーン・ドッグ、巨大ウサギ、マイケルとバブルス君などを無造作に配置することにより美術界を震撼させた。これを見た若者や子供たちが大はしゃぎだった反面、ベルサイユ宮殿を純粋に見学に来た普通の観客の大半は、彼の作品をフレームに入れずに宮殿内の写真を撮ることに腐心していた。

ジェフ・クーンズの作品は、ニューヨーク近代美術館を始めとする各都市の近現代美術館が所蔵している。東京都現代美術館にも、「二段による掃除機の転置」（１９８１年－１９８７年）という初期の作品がある。本事件のジェフ・クーンズの作品のうち第２事件の「ナイアガラ」はニューヨークのグッゲンハイム美術館にある。

事件08

# リチャード・プリンスのコラージュ作品「カナルゾーン・シリーズ」と写真集『イエス、ラスタ』の著作権

カリュー対プリンス事件［アメリカ］

## ■事件の経緯

写真家パトリック・カリューの写真集『イエス、ラスタ』

写真家パトリック・カリューは、1990年代の中頃、6年に亘りジャマイカのラスタファリアンたちと生活を共にしながら写真を撮った。ラスタファリアンとは、ジャマイカの労働者層から発生したアフリカ回帰、自然回帰を目指す宗教活動を実践する人々である。2000年、カリューは、このときの肖像写真や風景写真をまとめて掲載し『イエス、ラスタ』という題名の写真集に仕上げ、出版社はこれを7千部発行し、売上げに基づいて彼に8千ドルの印税を支払った。彼は、その後は、この写真集掲載の写真の発行や著作権ライセンスの付与などをしていない。

## プリンスのコラージュ作品「カナルゾーン」

現代美術家リチャード・プリンスは、２００５年に書店でカリューの写真集『イエス、ラスタ』を購入した。彼はこの写真集に掲載された35枚の写真から人物を切り抜いてベニヤ板にピンで留め、顔などに落書きをした「カナルゾーン」という題名のコラージュ作品を作り、２００７年12月から２００８年２月まで米国セイント・バースのホテルで開催された彼の個展で展示した。

２００８年、プリンスはさらに同じ写真集３冊を追加購入し、これを切り貼りして「カナルゾーン・シリーズ」のコラージュ作品を29点作った。これらにカリューの写真集を利用した程度は、個々の作品ごとに大きく異なる。たとえば、「ジェイムズ・ブラウン・ディスコボール」という作品は、写真集から切り抜いた男性の顔を他の雑誌から切り取った女性のヌード写真の体と合体させて、彼が背景を描いたカンヴァスに貼り付けたものである。『イエス、ラスタ』はモノクロ写真の書籍だが、この作品は、インクジェットとアクリル絵の具で着色され、大きさは数倍から十倍以上に拡大されていた。他方、「グラデュエーション」という作品は、この写真集に含まれている、森の中に立つ裸の男性の写真をそのまま利用し、両目と口を青く塗りつぶし、腰の辺りにギターを貼り付けて演奏しているように見せただけのものである。

### ガゴシアンの展覧会カタログ

世界的な現代美術画廊であるガゴシアン・ギャラリーは、そのニューヨークの画廊において、２００８年11月から12月にかけてプリンスの個展を開催し、この展覧会にあわせて、「カナルゾーン・シリーズ」の30点を掲載した展覧会カタログを出版した。

カリュー（原告）は、２００８年12月にガゴシアン・ギャラリーの展覧会を知り、12月30日、プリンスおよびガゴシアン・ギャラリー（被告ら）に対して著作権侵害による「カナルゾーン・シリーズ」の作品の展示・販売等の差止めと損害賠償を請求するため、合衆国（ニューヨーク南部地区）連邦地方裁判所に訴訟を提起した。

## ■裁判

### メッセージ性のない利用はフェアユースとはいえない？（第一審の判断[十三]）

被告プリンスおよびガゴシアン・ギャラリーは、プリンスが作品を制作するために原告カリューの写真集を利用した行為は、著作権法上許されている「フェアユース」にあたると主張した。「フェアユース」は、「批評、論評、報道、教育、調査研究その他正当な目的で他人の著作物を利用する行為」である。

第一審の連邦地方裁判所は、「他人の作品の利用がフェアユースにあたるのは、原作品やその作者、または原作品が表している社会や価値観を批評・論評するためにパロディとして利用する場合に限られる」とし、「被告プリンスは、原作品、作者、その表現する文化や世界観などを批判・論評する意図で原告カリューの写真集を利用したわけではないので、フェアユースにはあたらない」と判示した。プリンス本人が裁判所に提出した陳述書に、「私の作品にメッセージはない。新しい意味を持つ作品を作ろうとしたつもりはない。他人の作品には全く興味はない。」と述べていたからだ。

被告らは、この判断は間違っているとして、連邦控訴裁判所に上訴した。

## パロディでなくても新たな創作物としての「新規性」があればフェアユース（控訴審の判断[†12]）

連邦控訴裁判所は、「他人の作品を利用する行為が許されるのは、原作品やポップカルチャー等のパロディとして利用する場合だけに限られない」ので、第一審の判断は間違っていると述べ、「原作品とは無関係であっても、原作品の単なる代替品ではなく、新規性、すなわち新たな価値のある作品を生むためであれば、フェアユースにあたることがある」と判示した。そして、原告の『イエス、ラスタ』がモノクロ写真によりラスタファリアンたちの生活の自然な美しさを表現しているのに対し、被告作品30点のうち「ジェイムズ・ブラウン・ディスコボール」を含む25点は、「過激で騒々しい不快かつ下品なコラージュ作品であり、原告の写真集とはその構成、表現、大きさ、色彩、色調および手法が全く異なる新たな創作物である」として、これら25点の新規性を認めた。アメリカの著作権法上、フェアユースとして許されるかどうかは、①利用の目的および性質、②利用される著作物の性質、③利用される部分の重要性と割合、④利用される著作物の市場性・経済的価値への影響を総合的に勘案しなければならないが、作品の新規性はこの四つの判断要素に密接に関わっている。裁判所は、これら25点に新規性がある以上、フェアユースを判定するための第一の要素（利用の目的および性質）は被告に有利であり、第二（利用される著作物の性質）と第三（利用される部分の重要性と割合）の要素はあまり影響しないと述べた。さらに、第四の要素（利用される著作物の市場性・経済的価値への影響）について、「セレブや富裕層向けアート作品である『カナルゾーン・シリーズ』の作品と原告の写真集とは、顧客層は全く異なり市場は競合しない」と判断した。以上により、控訴裁判所は、25点の作品について、連邦地方裁判所の判決を改め、被告らによるフェアユースの抗弁を認めた。

他方、「グラデュエーション」を含む残りの5点については、『イエス、ラスタ』掲載のモノクロ写真の原型を残しつつ、描き足しやコラージュの貼付けによってこれに加工をした作品であることから、「安心感のある写真作品を、イメージが全く異なる不快感のある作品に変更してはいるが、それだけで新規性があるとは直ちに判断できない」とし、第一審において証人尋問を含む事実審理によりさらに検討する必要があると判示した。

## 結論

２０１３年４月、連邦控訴裁判所は、被告プリンスの「カナルゾーン・シリーズ」作品のうち25点に関しては被告によるフェアユースの主張を認めて原告カリューの請求を直ちに棄却し、残る５点に関してはさらに審理するため第一審に差し戻すとの判決を下した。

## ■事件の教訓

### 新たな芸術作品の創作に利用した場合はフェアユースにあたる

他人が作った美術品を勝手に利用して新たな作品を作る行為が許されるのかどうかに関し、すでに紹介した【事件07】の第2事件（ブランチ対クーンズ事件）は、原作品自体のパロディではなくても、原作品を含む大衆文化やマスメディアを批判・論評する目的で創作した作品には新規性が認められ、フェアユースにあたる場合があることを示した。本事件において、リチャード・プリンスは、「原作品やそれを含む文化や宗教観などとは全く無関係な意図で自己の作品に利用した」と述べたが、裁判所は、そのような場合であっても作品に新規性が認められる場合があると判示し、実際に25点の作品の新規性を認定したのである。

ただし、どのような作品に新規性があるのかに関する基準は何も示していない。この点は、次に紹介する【事件09】（アンディ・ウォーホル財団対ゴールドスミス事件）においてもう一歩進んだ判断がなされている。

## ■リチャード・プリンスとその作品

リチャード・プリンス（１９４９年－）は、１９８０年代以降にアメリカで流行したアプロプリエーション・アーティストの一人である。アプロプリエーション・アーティストは、すでに流通している写真、広告、映画、美術品などを流用、盗用して自分の作品に取り込み、全く別の意味を与えて再提出するという手法で作品を制作する美術家・写真家たちである。たとえば、古いハリウッドのフィルムに登場する女性や名画のなかの人物に扮した自身の姿を写真作品にしたシンディ・シャーマン（１９５４年－）、モダニズムの巨匠の作品を再制作するシェリー・レピン（１９４７年－）、マネ、レンブラントなどの作品を模したセルフ・ポートレイトを撮る森村泰昌（１９５１年－）など、表現スタイルはそれぞれ異なる。美術史の分類上、ジェフ・クーンズもこの分野のアーティストとされている。

プリンスは、１９８０年代、写真家サム・アベルが撮った、マルボロのパッケージのカウボーイの写真を再撮影して拡大した「無題（カウボーイ）」（１９８０年－１９９２年）を発表し、アメリカ文化の象徴であるカウボーイの男性的イメージを創造的に破壊したとして有名になった。この作品は、２００５年、クリスティーズのニューヨーク・オークションで、再撮影写真としては初めて１００万ドルを超える価格で落札されている。

本事件の作品に関してもそうだが、プリンスは、他人の写真の再撮影にあたり、原作品を撮った写真家の同意を一切取っていない。彼は、そのようにして他人の作品を利用する行為自体を芸術活動の目的にしているように見える。実際、本事件で裁判所に提出した証言録取書の中でも、「他人の作品には全く関心がない。私の目的は、既存のものを全く別の何かに作り替えるということだけだから。」と述べている。

２０１４年、プリンスは、インスタグラムに投稿されている他人の顔写真を無断でカンヴァスに転写し、個々の顔写真に彼自身のコメントを添えた「ニューポートレイツ」という作品をガゴシアン・ギャラリーで開催された彼の個展で発表した。ピンナップ・サイト「スーサイド・ガールズ」に投稿した女性の顔写真、メイクアップブランドの創業者のセルフ・ポートレイト画像などを含め、勝手に使われた画像は膨大な数に上る。さらに、その翌年に開催されたニューヨーク国際フリンジフェスティバルのアートフェアにもこの作品を展示し、10万ドルで販売したが、これはさすがに、ネット民たちから大顰蹙を浴びた。しかし、今のところはまだ、被害者から著作権侵害の訴訟は起こされていないため、この作品は世界各地の美術館や画廊の展覧会で展示されている。スーサイド・ガールズの創業者ミッシー・スーサイドは、この仕返しに、彼女のアカウントの写真が使われたプリンス作品を同じサイズに複製し、一点につき90ドルで販売した。プリンスはこの話を聞き、「スマートなアイデアだ。」とコメントしたそうだ。

事件09
# モノクロ写真に着色したウォーホル「プリンス・シリーズ」とプリンス肖像写真の著作権

アンディ・ウォーホル財団対ゴールドスミス事件［アメリカ］

## ■事件の経緯

写真家ゴールドスミスのプリンス肖像写真

アメリカの写真家リン・ゴールドスミスは、ロック歌手やジャズ・シンガーなどの著名人の写真を専門としている。１９８１年2月、彼女は、ミュージシャン、プリンスのニューヨーク市パラディウムにおけるライブ・コンサートを撮影し、翌日、ニューズウィーク社の依頼で彼をスタジオで撮影した。当日のプリンスはかなり不機嫌だったので、ゴールドスミスは、あえて「不機嫌で傷つきやすい普通の人」としての彼を写真に収めた。モノクロとカラーをあわせて11枚を撮影したが、ニューズウィーク社はこれらを使わず、彼女がコンサートで撮影した写真だけを雑誌に掲載した。

## ウォーホルの「プリンス・シリーズ」

１９８４年10月、月刊誌ヴァニティフェアの出版社であるヴァニティフェア社は、ゴールドスミスから、彼女がスタジオで撮影したプリンスの肖像写真のうちの一枚のモノクロ写真について、「ヴァニティフェア社の雑誌に掲載する記事のためにアーティストが参考にすること」を目的に、４００ドルで利用許諾を受けた。ヴァニティフェア社は、アンディ・ウォーホルにこの写真を渡し、月刊誌ヴァニティフェアに掲載する「パープル・フェーム」というタイトルの記事のためにプリンスのイラストを作成することを依頼した。ウォーホルは、モノクロ写真をカラーに着色したイラスト作品を制作し、ヴァニティフェア社はこのイラストを記事とともに月刊誌に掲載した。

ウォーホルは、同じ写真を用いて、雑誌掲載のものを加えて16点の異なるバージョンの作品「プリンス・シリーズ」を作り上げた。このうちの12点はシルクスクリーン・プリント、二枚は紙のプリント、残る二作品は素描画である。

## ウォーホル財団によるライセンス付与

ウォーホルは１９８７年に亡くなり、遺言によりウォーホル財団が設立された。この財団は、芸術振興を目的に、ウォーホルが所有していた作品とその著作権を管理する。「プリンス・シリーズ」の作品とその著作権もウォーホル財団が所有することになった。財団は、このうちの12点を売却し、残る４点はピッツバーグにあるアンディ・ウォーホル美術館に寄贈した。その後、「プリンス・シリーズ」の作品は、ウォーホル財団により、美術館やギャラリーへの貸出し、雑誌や書籍への掲載のライセンス付与などがなされてきた。

2016年4月、プリンスが亡くなった際、ヴァニティフェア社の親会社であるコンデナスト社は、彼の追悼記念号を刊行することにし、ウォーホル財団から「プリンス・シリーズ」の作品のうちの1点のライセンスを受けた。この作品は、翌月に刊行された追悼記念号の表紙に使われた。これにはウォーホルの著作権表示があったが、ゴールドスミスの名は表記されていなかった。

ゴールドスミスは、この雑誌を目にしたとき初めて「プリンス・シリーズ」の存在を知った。彼女は、事実関係を調査したうえ、ウォーホル財団に対して、この作品は彼女の著作権を侵害していると通告した。ウォーホル財団（原告）は、これに同意できず、合衆国（ニューヨーク南部地区）連邦地方裁判所に訴訟を提起して、ゴールドスミス（被告）の著作権を侵害していないことの確認を求めた。ゴールドスミスは反訴を提起し、財団に対して著作権侵害による損害賠償を求めた。

## ■裁判

### 「プリンス・シリーズ」はフェアユースにあたるのか？

原告ウォーホル財団は、アンディ・ウォーホルによる「プリンス・シリーズ」作品は、被告ゴールドスミスの写真を真似たのではなく、これを利用して作り上げた全く新しい別の芸術作品なので、アメリカの著作権法が定める「フェアユース」にあたり、被告の著作権を侵害しないと主張した。「フェアユース」とは、批評、論評、報道、教育、調査研究その他正当な目的で他人の著作物を利用する行為である。被告はこれを争ったので、ウォーホルによるゴールドスミス写真の利用がフェアユースかどうかは、この裁判の中心的な争点になった。

## 第一審の判断[13]「原作品とは目的が異なればフェアユースになる」

アメリカの著作権法は、フェアユースとして認められるかどうかは、①利用の目的および性質、②利用される著作物の性質、③利用される部分の重要性（本質的な部分かどうか）と割合、および④利用される著作物の市場性・経済的価値への影響を総合的に勘案して判断すべきものと定めている。[14] 合衆国連邦地方裁判所は、ウォーホル作品とゴールドスミス写真を比較しながらこれらの四つの要素を以下のとおり検討した。

### ①著作物利用の目的および性格

アメリカの判例法によれば、他人の著作物の利用がフェアユースかどうかを検討するうえで最も重要な点は、利用したことにより生まれた作品が新規性を有するかどうか、すなわち、原作品の単なる作り直しではなく、その表現、意味、メッセージとは異なる目的や性質の新たな創作物といえるかどうかである。[15]

ゴールドスミスの写真は被告ゴールドスミスが「不機嫌な普通の人間」としてのプリンスをモノクロ写真で表現しようとしたものであるのに対し、ウォーホル作品は、あえて不自然に着色した平面的な絵柄により原作品のイメージを完全に消し去り、神格化されたアイコンとしてのプリンスを表現しているので、被告の写真とは目的が全く異なり、新規性が認められる。そして、新規性が認められる以上、その利用目的がライセンス収入や売却した売上などの商業目的だったとしても、原作品である被告の写真の著作権を害する可能性は低い。

②利用される著作物の性質

被告ゴールドスミスの写真が創作的な作品であること、および未発表であることは、一般的には被告に有利な要素であるが、ウォーホルの作品に新規性があること、および被告ゴールドスミスの写真がこれまでライセンスされたのはヴァニティフェア社に対してだけであることを考慮すれば、本件では重要な要素ではない。

③利用される部分の重要性および割合

被告ゴールドスミスの写真が表現していた創作的な部分は、ウォーホルがカラー着色や描き加えによって完全に取り去って別の表現に変えているので重要な部分が利用されているとは言えない。

④利用される著作物の市場性・経済的価値への影響

被告ゴールドスミスのプリンス写真を利用しようとする雑誌等の出版社が、ウォーホル独自の芸術表現を明らかに見てとれる「プリンス・シリーズ」をその代替品として使うとは考えられないので、両者の市場は競合しない。

以上の検討の結果、裁判所は、「①、③、④の要素は原告ウォーホル財団に有利であり、②の要素は中立的なので、ウォーホルの作品『プリンス・シリーズ』はフェアユースの抗弁によって保護される」と述べ、被告ゴールドスミスの著作権を侵害しないと判断した。

被告は、この判断を不満とし、合衆国第二巡回連邦控訴裁判所に上訴した。

## 控訴審の判断[†16]「『新規性』は作品の目的ではなく外観で判断すべし」

連邦控訴裁判所は、フェアユースを判断するための四つの要素に関する連邦地方裁判所の判決を再検討した結果、第一審とは真逆の結論に至った。各要素に関する控訴裁判所の検討結果は以下のとおりである。

### ①著作物利用の目的および性格

第一審の連邦地方裁判所は、被告ゴールドスミスの写真とウォーホルの「プリンス・シリーズ」の目的を比較し、両者の違いに着目して後者に新規性があると判断した。しかし、作者が意図していた目的の違いを重視する判断方法は正しいとはいえない。そもそも裁判官には作品の目的を判定する能力はないし、これにこだわると主観的な判断に陥るおそれがある。新規性は、作品の外観を見て一般人がどのように感じるかを基準に判断すべきである。

さて、【事件08】（カリュー対プリンス事件）の判決において裁判所が新規性を認めたリチャード・プリンス作品は、いずれも原作品の写真に写っているキャラクターを切り抜いて自身の作品の中にコラージュとしてはめ込んだものである。すなわち、原作品を素材の一つとして利用し全く別の作品を作り上げたことが外観上明らかである。これに比べ、ウォーホルの「プリンス・シリーズ」は被告の写真自体に着色したものなので、原作品に加工したものであることが客観的に見て取れる。よって、ウォーホルの作品が新たな芸術作品であるにしても、法律上の「新規性」があるとはいえない。そうである以上、商業上の利益を得るために被告の写真を利用する行為は、フェアユースの判断においてマイナスの要素である。

②利用される著作物の性質

被告ゴールドスミスの写真は創作的な作品であり、かつ未発表なので、これを利用する行為は、著作権の侵害を推認させる要素である。

③利用される部分の重要性（本質的な部分かどうか）および割合

被告のモノクロ写真にウォーホルがどれほど大きな変更を加えていようが、それ自体を加工している以上、被告の作品全体を利用したことになる。

④利用される著作物の市場性・経済的価値への影響

被告が将来ライセンスビジネスを計画している以上、同じ人物の同じポーズを表現するウォーホルの作品と市場が競合する可能性がある。

結論

控訴裁判所は、以上の検討により、「①、②、③、④の要素はすべて原告ウォーホル財団に不利なので、フェアユースにあたるかどうかの判断は、証拠調べを含む事実審理を経なければ判断できない」とし、第一審裁判所の判決をくつがえし、原告の即時判決の申立てを斥けた。

原告ウォーホル財団は、この判断を不服として、連邦最高裁判所に上訴した。上訴審の審理は2022年10月に始まった。ここでは、新規性の評価に加え、両作品の市場が競合しないかどうかがポイントになりそうである。

## ■事件の評価

「新規性」が認められるための具体的な基準を示した

他人の作品を利用した美術作品がフェアユースにあたるかどうかを判断するには、まずその作品に「新規性」が認められるかどうかが問題となる。この点に関し、すでに紹介した【事件08】（カリュー対プリンス事件）の判決は、原作品自体に対するコメントを目的としていない作品であっても新規性は認められる場合があるとの判断を示した。本事件の連邦控訴裁判所の判決は、【事件08】の判決やそれ以前の【事件07】の第2事件（ブランチ対クーンズ事件）の判決を分析し、新規性が認められるのはどのような作品かについて具体的な基準を示した。この基準によれば、原作品の中のキャラクターなどを切り取って自己の作品にコラージュとして利用した場合は、原作品を自己の作品の素材として利用していると判断されて新規性が認められやすいが、原作品自体に変更を加えて自己の作品を作った場合は新規性が認められにくいということになる。創作者が著作権侵害の責任を問われないための一応の基準にはなりそうだ。ただし、ジェフ・クーンズ、リチャード・プリンスなど、他人の作品を利用することにこだわりを持っているアプロプリエーション・アーティストたちは、裁判所が決めた基準によって信条を変えることなどはあり得ないのかもしれない。

## ■ウォーホル作品と作者の意図

アンディ・ウォーホル（1928年-1987年）は、20世紀のアメリカ文化を象徴するポップアートの旗手といわれる芸術家である。彼は、元々は商業イラストレーターをしていたが、33歳のとき、キャンベルスープ缶、ブリロボックスなどの日用品をモチーフにした美術作品を作り始める。アメリカのポップアートはここから始まったとされる。彼の作品のメッセージについて、アメリカ資本主義による大量消費の空虚さへの警告とする見解と資本主義への憧憬・賞賛とする見解とがある。しかし、ウォーホル本人は、作品の意図や目的をほとんど語っていない。あるテレビのインタヴュー番組において、インタヴュアーは、ウォーホル作品の意図に関する意見を長々と熱弁した後、ウォーホルに「こう考えるのは正しいですか?」と質問した。ウォーホルは、インタヴュアーが話している間は黙ってうなずいていたが、質問後は首を傾けてしばらく間をおき、「今の話は聞いていなかったので、もう一度最初から繰り返してくれ。」と答えた。インタヴュアーは諦めて次の質問に切り替えていた。マスコミに頻繁に登場したウォーホルだが、肝心の質問はこのようにしてはぐらかした。「鑑賞者は自由に解釈してくれ」という意図であろうか。

ウォーホルが語らないまでも、彼の多くの作品から明らかに読み取れるモチーフが一つある。それは、「突然の死に対する恐怖」である。20世紀以降、人は交通事故や戦争における無差別攻撃により予告なく死に至る。彼は、交通事故の現場写真、原爆写真、電気椅子の写真等を利用した作品によりこの恐怖を表現した。さらに、マリリン・モンローの不審死をきっかけに作り始めた「マリリン・シリーズ」、暗殺されたケネディ大統領の葬儀の際の写真を使った「ジャクリーヌ・シリーズ」などは、「華やかなセレブも死からは逃れられない」と鑑賞者に語りかける。ウォーホル自身、1968年に彼のアトリエでファンに狙撃され、瀕死の重傷を負った。彼は、このとき外れた銃弾で損傷したマリリン・モンローの作品をヒントに、シルクスクリーン作品にわざと拳銃で穴をあけた「ショット・マリリン」を作った。この作品は、2022年5月、クリスティーズのオークションで近代絵画としては最高額（1億9500万ドル）で落札されている。

1987年2月、ウォーホルは、ニューヨークのアーティストショーにモデルとして出演した3日後、胆のうの手術を受けた。手術は成功だったが、翌日、急な心臓発作でこの世を去る。「セレブの突然死」というテーマを実践するような人生だった。

その30年後の２０１７年、ウォーホル作品のモデルである歌手プリンスも、自宅で不審死を遂げる。この結果、「プリンス・シリーズ」は、まるで予言されていたかのように、ウォーホルが繰り返し制作してきた、「スーパースターの突然の死」というモチーフの作品群に加わることになった。

ピッツバーグのアンディ・ウォーホル美術館が所蔵する「プリンス・シリーズ」の作品のうちの２点は、２０２２年９月から翌年２月まで京都市京セラ美術館で開催された「アンディ・ウォーホル・キョウト」の際に来日している。

# 名画にトマトスープ

●2022年10月、ロンドン、ナショナル・ギャラリーでゴッホ作「ひまわり」に、環境活動家二人がトマトスープをかける騒ぎがあった。このうち一人が「絵画と、地球と人々の命を守ること、どちらが大切なのか！」などと叫んでいたという。絵画はガラスで覆われていたため、無事だったが、額縁は損傷した。二人は、器物損壊などの疑いで直ちに逮捕されたが、「イギリス政府による化石燃料への投資に対する抗議の一環」と主張している。このような有名な絵画を標的にして気候変動対策の必要性を訴える抗議活動はヨーロッパで相次いでいる。この年の5月にはパリのルーヴル美術館で、環境活動家とみられる男が名画「モナリザ」にケーキを塗り付け、7月にはフィレンツェでボッティチェリの「春」に、11月には、マドリードのプラド美術館でゴヤの絵画2点の額縁に、環境保護団体メンバーが接着剤で自ら手を貼り付けて抗議活動を行った。

●名画を攻撃することによる政治的な抗議活動は、もちろんこれが初めてというわけではない。この種の事件として最も有名なのは、ニューヨーク近代美術館に展示されていたピカソ作の絵画「ゲルニカ」に対する落書き騒動である。

●「ゲルニカ」は、ピカソが、スペイン内戦中にドイツ空軍がスペインの小都市ゲルニカへの無差別爆撃をしたニュースを受けて、パリで描き上げた絵である。彼は、「フランコ政権が終わりスペイン人民の自由が確立するまではこれをスペインに返さない」ことを希望したので、この絵は巡回先のニューヨークに留まることになった。しかし、1964年以降のベトナム戦争により、アメリカはベトナムに無差別爆撃をしかける。反戦主義者や文化人は、「アメリカは『ゲルニカ』を持つ資格がない」として、ピカソに返却を申し出るなどした。

●1974年、ニューヨークのアーティスト、トニー・シャフラジは、近代美術館が展示する「ゲルニカ」に対し、多くの観衆の面前で赤いスプレイペイントにより「嘘を殺せ」とのメッセージを落書きし、平和を標榜しながら虐殺を続けるアメリカの欺瞞に抗議した。厚塗りのニスの上に消えやすい塗料のスプレイで落書きしたので数時間で消されたが、この事件は全世界でニュースになり、この騒ぎが翌75年のベトナム戦争終結を導いたという人もいる。しかし、実際には、アメリカ国内ではそれより前から反戦の世論が大勢を占め、政府は1973年にアメリカ軍を撤退していたので、75年のプノンペン陥落は、この事件に関係なく当時の既定路線だった。

●もっとも、この事件が反戦のシンボル「ゲルニカ」を世界に知らしめ、その芸術的価値を大いに高めたことは間違いない。シャフラジは、その後画廊経営者となり、バスキア、キース・ヘリングらのストリートアーティストを一流の芸術家に育てている。このことから推察するに、72年における彼の行動は、アートへの愛を伴うパフォーマンスだったのだろう。

●さて、「市民社会が崩壊したら芸術は何の役に立つのか」と訴える最近の環境活動家には、残念ながらアートへの愛が微塵も感じられない。彼らのパフォーマンスは、世間に注目されはしても、美術愛好家の心に環境保全運動に対する嫌悪感を生みつけただけで、決して成功していない。攻撃は憎しみしか生まないということだ。

## NFTアート取引のリスク

●NFTアート取引は、2021年以降急速に拡大し、今やアート市場全体の取引高の2割に迫る規模になっている。当初、NFTはブロックチェーンの仕組みにより改ざんや不正コピーが事実上不可能なので、贋作詐欺等のおそれのない安全な取引であるなどと言われていた。しかし、取引量の増加に伴い、実はそうではないことが明らかになった。

●2021年7月、中国のオークションにおいて草間彌生のアート作品に紐づけられたNFTが18億円弱で落札されて話題を呼んだが、その後、このNFTは芸術家本人の許可なく勝手に作成されたものであることが発覚した。中国では、2022年4月、「FAT TIGER」というイラストを著作権者に無断で盗用したNFTの販売に関する事件において、販売する場（マーケットプレイス）をインターネット上に提供した業者（プラットフォーム事業者）に対して著作権者への損害賠償を命ずる判決が下され、さらに、このNFTを作成した会社は著作権法違反により罰金刑を受けた。

●アメリカでも、2021年11月、映画監督クエンティン・タランティーノは、映画パルプ・フィクションのシーンを利用したNFTをオークションに出品しようとしたところ、この映画の制作会社ミラマックスから、著作権侵害による差止め訴訟をカリフォルニア地方裁判所に提起された。この訴訟は、2022年9月、監督とミラマックス社の間で和解により解決し、どちらにNFTを発行する権利があるのかはうやむやにされた。似たような訴訟は、現在も多数継続している。

●これらは、著作権者が、無断でNFTを作成した者やその取引に関与したプラットフォーム事業者に対して著作権侵害の責任を追及した事件だが、そのような著作権者の許可のない取引は贋作詐欺と同じであり、その最大の被害者はNFTの購入者である。

●NFTは、アート作品そのものではなく、インターネット上にのみ存在するデジタル証明書に過ぎない。この持ち主は、特定の作品に紐付けられたNFTを購入したことやその発行者、購入履歴を証明できるが、作品自体を物理的に所有するわけではない。実物であるアート作品を買った者が作品を見たり触ったり他人に見せたり貸したりすることができるのに対し、NFT購入者は、著作権者から許諾された範囲内でNFTに紐づけられた作品を利用できるに過ぎない。したがって、著作権者が認めていないNFTを取得しても、「嘘の証明書」を手に入れただけで、何も持っていないに等しいのである。

●実物であるアート作品を一流の画廊やオークションで購入した場合、作品が真作かどうかは画廊やオークションハウスが調べていると期待できるし、贋作であったときは多くの場合は買戻しに応じてくれる。しかし、NFTの売主やNFT取引の場を提供するプラットフォーム事業者は通常そこまでの責任を約束してくれないので、「贋作」すなわち、著作権者が許可していない場合のリスクはNFT購入者が負わなければならない。

●NFTを購入するときは、その対象である作品の著作権者は誰なのか、NFTの売主は著作権者から許可を受けているのか、著作権者はNFTの購入者に対してどのような作品の利用行為を許諾しているのかなどを予め自らの責任で確認しておく必要がある。

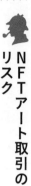

# III

# 外国の美術館が収蔵する略奪品の取戻し

盗難や略奪等により所有者の手を離れた美術品は、転売等を経て国公立美術館に収蔵されていることがある。そのような場合、美術品の元所有者が、国や美術館に対する返還請求訴訟をその国の裁判所に提起しても、ほとんど認められない。国公立美術館は、その国の法制度上は適法にその美術品を収蔵しているからだ。むしろ他の国で訴訟を提起した方が取り戻せる可能性が高い。

しかし、多くの国の司法制度上、外国の美術館等を相手方として訴訟を提起するには、二つの障害がある。一つは、外国から借り入れた美術品の差押えを制限する法律の存在だ。１９９０年代以降、かなり多くの国が、自国で開催する展覧会のために外国の政府や美術館から借り入れた美術品や文化財に対する差押えや仮差押えを禁ずる法律（海外美術品差押禁止法）を設けている。展覧会のために外国から借り入れた美術品が差押えなどを受けて貸主に返還できなくなると、展覧会を開いた側の美術館が信用を失い、その後の円滑な借入れが困難になるからだ。第二の障害は、主権免除特権である。主権免除とは、外国の国家主権を尊重する観点から、外国国家やその機関は、民事裁判の被告としてその国の裁判所に出頭して裁判を受けることが原則として免除されるという制度である。

多くの国の裁判所は、この二つのどちらかにより、外国の国家機関である美術館等に対する美術品の返還請求訴訟を認めない。しかし、アメリカでは、美術品を奪われた被害者を厚く保護するため、裁判所がこの二つの法律を制限的に解釈し、略奪品等の返還請求訴訟をなるべく広く認める方針をとっている。盗品・略奪品を国公立美術館から取り戻したい場合は、アメリカで裁判を起こす方法が最も有利ということだ。

ここでは、外国美術館に対して略奪品等の取戻しのため裁判手続きをとるというトレンドの発端となったフランスの【事件10】を紹介したうえで、【事件11】から【事件13】では、これに関するアメリカの裁判事件を紹介する。これらを順次に読めば、外国の美術館等に対する美術品返還請求訴訟をアメリカの裁判所がどのように認めてきたかを知ることができる。

事件10

# アンリ・マティス「ダンス」、「音楽」は取り戻せるか？

シチューキン対ポンピドゥー国立芸術文化センター事件［フランス］

## ■事件の経緯

ソビエト連邦政府に接収されたシチューキンのコレクション

帝政ロシア時代の実業家、セルゲイ・シチューキン（１８５４年－１９３６年）は、熱心な美術品収集家である。彼は、１８９０年代以降たびたびパリを訪れ、ゴーギャン、ゴッホ、マティス、ピカソなどフランス近代画家の作品を好んで収集した。特にマティスとは親交が深く、彼からは「ダンス」《口絵02》、「音楽」などの大作を含む37点を購入していた。シチューキンの友人である実業家イワン・モロゾフ（１８７１年－１９２１年）もモネ、ドガ、セザンヌなどフランス近代絵画の収集家として知られている。

１９１７年のロシア革命の際、この二人のコレクションは全て革命政府に接収され、１９１８年、彼らに何らの対価や補償金を支払われることなく国有化された。1948年、これらの美術品は、ソビエト連邦政府からサンクトペテルブルクのエルミタージュ美術館とモスクワのプーシキン美術館に分納される。「ダンス」と「音楽」はエルミタージュ美術館の所蔵品となった。

## パリで開催された「アンリ・マティス」展

1993年、パリのポンピドゥー国立芸術文化センターは、「アンリ・マティス1904年－1917年」というタイトルの展覧会を開催した。この展覧会には、ポンピドゥー・センターの所蔵するマティスの絵画に加え、エルミタージュ美術館、プーシキン美術館、ニューヨーク近代美術館、コペンハーゲン市立美術館などから借り入れた作品など合計130点が展示されたのだが、これにはエルミタージュ美術館から出品された「ダンス」と「音楽」も含まれていた。もちろん、これら2点を含むロシアのエルミタージュ美術館およびプーシキン美術館からの借入れ品の多くは、元はシチューキンとモロゾフのコレクションだったものである。

これらの作品がポンピドゥー・センターに到着した後ほどなく、フランス国民であるシチューキンの娘、イリーナ・シチューキンは、ポンピドゥー・センター、エルミタージュ美術館、プーシキン美術館およびソビエト連邦を相手方として、この展覧会に出品されている彼女の父親のコレクションの仮差押えをパリの裁判所に申し立てた。また、モロゾフの遺族も、元はモロゾフのコレクションに含まれていた展示品4点の仮差押えを求めた。フランスの民事裁判上の仮差押えは、正式な訴訟において美術品の返還請求権が認められたときに確実にフランス国内で取り戻せるようにする目的、すなわち美術品の返還請求権を保全する目的で、その美術品を暫定的にパリに留めておくための手続きである。

## ■裁判

### ソビエト連邦による却下の申立て：外国の国家に対する財産差押えは認められるのか？

パリの第一審裁判所（Tribunal de grand instance de Paris）において、仮差押えを申し立てたシチューキンとモロゾフの遺族（申立人）は、「1918年におけるロシア政府による財産の国有化は、国家による窃盗であり、フランスの公共政策に反し、フランスでは効力を生じない。よって、これらの財産は申立人に帰属する」と主張した。

これに対する反論として、被申立人であるソビエト連邦は、主権免除による申立ての却下を求めた。「主権免除」とは、主権国家やその機関が、その行為や財産をめぐる争いについて、外国の裁判所で裁判を受けることを免除されることをいう。これは、国際法上の一般原則であり、多くの国は、外国の国家機関に主権免除を認めるための特別な法制度を国内法として設けている。フランスでは、裁判所の裁判例によって主権免除が認められてきた。これによれば、ソビエト連邦政府はもとより、国立美術館であるエルミタージュ美術館およびプーシキン美術館も国家の機関として、主権免除の特権を受けることができる。

被申立人であるソビエト連邦はまた、革命に伴う私有財産国有化政策の正当性を主張した。ポンピドゥー・センター、エルミタージュ美術館およびプーシキン美術館は、展覧会に出品するために外国から借り入れた美術品の安全を確保することの国際社会における重要性を強調し、「このような仮差押えが認められると、国際間の文化交流が困難になる」と訴えた。

### 第一審の判断[†1]「ソビエト連邦はフランスで裁判を受けなくてもよい」

第一審裁判所は、被申立人ソビエト連邦の主権免除の主張を認め、申立人らの仮差押えの申立てを却下した。「ソビエト連邦が主権免除の特権を有する以上、フランスの裁判所でソビエト連邦に対する美術品返還請求の裁判をすることができないので、この請求権を保全するために行う仮差押えもまたその理由がない」との判断である。申立人らは、この決定を不服として、パリ控訴裁判所に上訴した。

### 控訴審の判断[†2]「国内にない美術品は差押えができない」

申立人らは、上訴の理由の第一として、「ソビエト連邦政府が何らの保証もなしに一般市民であるシチューキンとモロゾフの財産を国有化した行為は、フランス憲法が定める財産権の保障に違反する重大な人権侵害なので、主権免除の特権を与えるべきではない」と主張した。また、第二の理由として、「この申立ては、エルミタージュ美術館およびプーシキン美術館が美術品をポンピドゥー・センターに貸し出したこと、すなわち、商業活動に関するものであり、主権免除の例外にあたる」と主張した。美術品の貸出しの目的が文化交流であったにしても、実際に行っているのは、民間企業が行う物品の賃貸借と変わりがないので、商業活動にあたるという論法である。

当時のフランスは、「重大な人権侵害」が主権免除の例外にあたるかどうかに関する裁判例はなかった。また、「商業活動に関連する争い」が主権免除の例外にあたることは判例法上明らかだったが、本件のような場合がこの例外なのかどうかについての先例はなかった。よって、本事件は、今後のこの種の事件に影響する重要な裁判例となる可能性があった。

しかし、控訴裁判所は、これらの議論については一切判断をせずに上訴の申立てを却下した。その理由は、「仮差押えを求めている借入れ美術品はすでに各美術館に返還されてフランス国内には存在しないので、もはや申立てをする理由がない」ということだった。つまり、この時点で「ダンス」と「音楽」はソビエト連邦に移動されていたので、今更フランス国外への持出しを禁じても意味がないということである。法律上、財産の仮差押えの申立てをしても、これを認める旨の裁判所の決定がない限りはその移動を止めることができない。被申立人側は、当初から、裁判の進行を遅らせて審理が長引くうちに作品をソビエト連邦に返してしまうという作戦だったのかもしれない。

## 結論

以上のとおり、裁判所は申立人による仮差押えの申立てを認めなかった。

## ■事件のその後

借入れ美術品の差押えを禁ずる法律のきっかけとなった

美術品の所有者は、窃盗、強盗、横領等の被害に遭う場合に加え、戦争、革命その他政体変更の際に、国や公的機関による接収、押収等によりその所蔵品を取り上げられることがある。国が取り上げた美術品は国立美術館などに移管される。そのような場合、美術品を取り上げられた者が、自国の裁判所に訴訟を提起して自国の政府や美術館に対してその返還を求めても、認められる可能性が低い。むしろ、外国で自国の政府や美術館に対する訴訟を提起した方が取り戻せる確率が高い。そのような理由で、20世紀末以降、美術品が外国の美術館が開催する展覧会に出品するために国外に貸し出された機会を狙って、その美術品を差し押さえるなどしてその返還請求訴訟を外国で起こす事件が増えてきた。本件は、そのような事件の先駆けである。

展覧会のために外国から借り入れた美術品が差押えなどを受けて貸主に返還できなくなると、展覧会を開いた側の国と美術館が信用を失い、その後の円滑な借入れが困難になる。本件では、フランス側は、「裁判所が仮差押えを命ずるまでは財産権の移転を留められない」という制度に助けられ、美術品が貸主に無事返却されるまでは裁判所の最終判断が下されなかったことによって何とか面目を保ったようだ。しかし、そのような手法がいつでも通ずるわけではないし、これでは信用を保てない。そこで、フランスは、1994年に海外から借り入れた美術品の差押えを禁止する法律を制定し、フランスで開催する展覧会のために外国政府または国立美術館等の国家の機関から借り入れた美術品や文化財に対する差押えや仮差押えを禁ずることにした。これにより、本件のような事件が二度と起こらないことをアピールするためだ。

他方、この事件の後、ロシアの国立美術館は、海外の美術館に所蔵品を貸し出すときは、確実に返却を受けられることの保証を条件にするようになった。この条件をクリアするため、ドイツ（１９９９年）、ベルギー（２００２年）、オーストリア（２００３年）、イタリア（２００４年）、スイス（２００５年）、イギリス（２００７年）をはじめとする多くの国が、フランスの後を追い、同様の海外美術品差押禁止法を定めた。なお、アメリカは、１９６５年から同様の法制度を持っている。日本は、２０１１年３月に「海外の美術品等の我が国における公開の促進に関する法律」を制定し、国内で実施する展覧会のために海外から借り入れる美術品、文化財等について、文化庁に申請して指定を受ければ強制執行、仮差押えおよび仮処分を禁ずることができるようにした。メトロポリタン美術館、ニューヨーク近代美術館、台北の国立故宮博物館その他の多くの美術館の所蔵品は、この法律による指定を受けて日本の展覧会に出品されている。

## ■マティスの「ダンス」と「音楽」

この事件の仮差押え申立ての対象となった借入れ美術品の目玉は、アンリ・マティスが１９１０年に描いた「ダンス」と「音楽」である。

マティス（1869年－1954年）は、ピカソと並び称される20世紀を代表するフランスの画家で、フォーヴィズムのリーダーである。彼は、この2点の作品を、彼のパトロンで友人のロシア人実業家シチューキンの依頼により、シチューキンの新しいロココ調の大邸宅に飾るために描いた。「ダンス」は、青と緑の二色だけの背景の中に手をつないで輪になって踊る五人の人物をオレンジ色で描いた作品で、もう片方の「音楽」も、オレンジの五人の人物と二色の背景だけで描いたものである。どちらの絵の人物も、子供の落書きのようにデフォルメされている。

2010年、マティスは、描き上げたばかりの「ダンス」をパリのサロン・ドートンヌ（保守的な官展に対抗して新しい芸術を目指すアーティストのために毎年秋に開催される展覧会）に出品した。しかし、この作品は、パリの美術界全体から、マティスのそれまでのキャリアを無にするほどの大批判を浴びた。もっとも、彼が画壇の批判を受けたのは、これが初めてではない。1905年のサロン・ドートンヌにおいて、アンドレ・ドラン、モーリス・ヴラマンクらとともに、大胆なタッチと刺激的な原色中心の色彩を特徴とする絵画を発表したときも、当初は野獣派（フォーヴス）と揶揄された。しかし、このときは、ドランらの仲間もおり、当初から好意的な美術評論家もいた。そしてほどなく、フォーヴィズムは、新しい時代を先取りする芸術活動として高い評価を受けるようになった。ところが、「ダンス」を世に問うた今回のマティスは孤立無援で、かつての仲間たちも、「マティスはとうとうおかしくなったか。」などと噂した。

注文主であるシチューキンも、完成品の評判を聞いてその買取りを躊躇し、別の作家の作品だけを購入してロシアに立ってしまった。しかし、帰路の列車の中で思い直し、マティスに「あの作品（ダンス）を邸宅の大階段前のロビーに飾る決心が着いたので、もう一点（「音楽」）とともに購入する。」との電報を送った。シチューキンは、「ダンス」と「音楽」を、1917年のロシア革命により接収されるまで、モスクワの邸宅に飾り、毎日曜日には一般公開していた。

マティスは、「ダンス」の大失敗の後、傷心を癒すためにモロッコに旅行し、そこで接したアラビア美術の影響を受けてアラベスク模様などのパターンを用いた彼独特の人気作品を生み出す。今日、「ダンス」と「音楽」は、マティスの芸術の転換点であるとともに、20世紀近代絵画の金字塔として高く評価されている。

「ダンス」と「音楽」は、エルミタージュ美術館内の同じ展示室に並べて展示されている。また、彼が「ダンス」を描く1年前に作成したその習作は、「ダンスⅠ」というタイトルでニューヨーク近代美術館に収蔵されている。こちらの踊る人物はうす橙色である。

事件11

# アメリカに貸し出されたマレーヴィチ「シュプレマティスム・コンポジション」の行方？

マレーヴィチ対アムステルダム市事件［アメリカ］

## ■事件の経緯

ベルリンの展覧会への出品後、スターリン統制下のロシアへ戻せず

1927年、ロシアの前衛画家カジミール・マレーヴィチは、ベルリンで開催される彼のための個展に出品する千点を超える作品とともに、ベルリン市を訪れた。出品した作品の多くは、彼が生み出した「シュプレマティスム」の作品を含む抽象絵画とその習作である。この展覧会の会期中、彼は急用でロシアに戻らなければならなくなったため、展示中の作品の管理を五人の友人に託して、ベルリンを離れた。展覧会が成功裡に終了した後、マレーヴィチ作品は、友人の一人であるドルナー博士が預かることにした。この頃から、ロシア（ソビエト連邦）の実権を握ったスターリンが、抽象美術を否定する社会

主義リアリズム政策をとり始めたため、マレーヴィチ作品をロシアに返却することができなかったのである。作品はすべて木箱に梱包されハノーバーに運ばれ、ドルナー博士が館長を務めていた美術館の地下倉庫に保管された。１９３７年頃、ナチスによる退廃芸術の排斥が烈しさを増し、ドルナー博士の美術館でマレーヴィチ作品を保管し続けることが難しくなった。そこで、ドルナー博士は、作品をベルリンに送り、五人の友人の他の一人であるヘリング氏に預けた。ヘリング氏は、１９４３年まではベルリンの自宅で、それ以降は彼の生まれ故郷ビベラッハの村で作品を保管し続け、１９５８年に亡くなった。

## アムステルダム市立美術館による購入

アムステルダム市立美術館は、１９５１年頃からたびたびヘリング氏に接触し、マレーヴィチ作品の買取りを打診していた。当初、ヘリング氏は、作品を預かっているだけで処分権がないと説明して断っていた。しかし、１９５６年に、マレーヴィチの絵画および習作合計84点を期間10年、年間１万２千マルクの貸与料で借り受けたいとの申し出があったとき、これに同意した。アムステルダム市が提案した賃貸借契約には、賃貸借期間中に借主が作品の買取りオプションを有するとの条項もあった。１９５８年、アムステルダム市は、この買取りオプションを行使して、借入れ中の作品をすべて買い取った。こうして、84点のマレーヴィチ作品はアムステルダム市立美術館のコレクションに加わったのである。

## マレーヴィチ遺族の請求

1996年、世界各地に住むマレーヴィチの遺族35人は、弁護士を通じて、アムステルダム市に対してマレーヴィチ作品の返還を求めた。これに対するアムステルダム市からの正式な回答が届いたのは2001年だった。回答書は、「これらの作品は1958年に正当な取引によりアムステルダム市が所有権を取得しているし、仮にそうではないとしても、オランダ民法が定める取得時効の制度により1993年までに所有権を取得した」との内容だった。「取得時効」とは、他人の作品を法律が定める期間を超えて所持し続けた場合にその所有権を取得することを認める制度である。

## ニューヨーク近代美術館等への貸出し

2003年、84点のマレーヴィチ作品のうち、「シュプレマティスム」の作品を含む14点がアメリカに搬送された。アムステルダム市と合衆国政府との間の文化交流プログラムに基づいて、ニューヨークのグッゲンハイム美術館とヒューストンのメニル・コレクションで開催される展覧会に出品するためだった。この貸出しに先立って、両美術館は、アムステルダム市の要請を受け、連邦美術品差押禁止法に基づいて、これら14点の作品が借入れ中に差し押えられないようにするための手続きをとった。連邦美術品差押禁止法は、美術館等の展覧会に出品するために米国内に持ち込まれた美術品について、事前に政府に申請して承認を受けること、および官報に公示することを条件とし、差押えその他美術品の管理支配を制限する法的手続きを禁じている。これにより、マレーヴィチの遺族たちがアメリカで作品を差し押さえてアムステルダム市への返却を妨害するリスクはなくなった。

展覧会は、グッゲンハイム美術館で２００３年5月22日から9月7日まで、ヒューストンのメニル・コレクションでは10月2日から翌２００４年1月11日まで開催された。

メニル・コレクションの展覧会が終了する2日前、マレーヴィチの遺族たち（原告）は、アムステルダム市（被告）に対して作品14点の返還を求める訴えを、合衆国（コロンビア特別区）連邦地方裁判所に提訴した。ただし、作品の差押えをしていないので、これらは展覧会終了後にアムステルダム市に返却されている。

## ■裁判

### 外国の国家機関に対する訴訟は認められない？（アムステルダム市の主張）

被告アムステルダム市は、最初の反論として、主権免除特権による訴訟却下の申立てをした。

「主権免除」とは、外国国家やその機関は、被告として裁判を受けることが免除されるという制度である。アメリカでは、合衆国連邦法である主権免除に関する法律（主権免除法）により、外国およびその機関は、法律が定めるいくつかの例外的な場合を除き、アメリカの裁判所の管轄に服することが免除されている。[†3] 被告アムステルダム市は、オランダ国の機関なので、原則として、この特権を受けることができる。

ただし、主権免除法は、外国の政府機関等がアメリカの裁判を受けなければならない四つの例外的な場合を定めている。その一つとして、「国際法に違反して取り上げられた財産権の取戻しや損害賠償請求に関する裁判であり、かつ、対象となる財産が外国の政府等による商業活動に関連して米国内に存在する場合」には、外国政府の機関等は主権免除特権を受けないとされている。この例外にあたるには、①原告の財産が「国際法に違反」して取り上げられたこと、②それが「米国内に所在」すること、および③被告による「商業活動に関連して」米国に所在していることが必要である。被告グッゲンハイム美術館は、本事件の作品はこれら3要件をすべて満たさないと主張した。まず①の要件（国際法違反）について、原告らはオランダ国内でこれら作品の返還請求のための法的手続きを何もとっていない。オランダ国内の手続きによって被告から返還を受けられる可能性がある以上、原告らの財産権が国際法に違反して害されているとはいえない。②の要件（米国内に所在すること）に関しては、これらの作品は美術品差押禁止法により米国内で差し押さえることが許されず、現にオランダに返却されているのだから、法的な意味では「米国内に所在」していない。さらに、③の要件（商業活動に関連していること）については、これらは国際文化交流のための貸出しであり、商業活動に関する貸出しではない。以上の理由で、被告は、「本件には例外規定は適用されないので、アムステルダム市は主権免除特権により裁判を受けることを免除されている。よって、本訴訟は直ちに却下されるべきである」と申し立てた。

## 裁判所の判断[†4]「米国内に持ち込まれた略奪美術品は例外」

しかし、連邦地方裁判所は、被告の言い分をいずれも認めなかった。すなわち、①の要件（国際法違反）については、たしかに、原告らはオランダ国内で訴訟を提起しなかったが、これはアムステルダム市が拒絶の意思を明確にし、またオランダには取得時効制度があるため訴訟を起こしても勝ち目がないからである。裁判所は、そのような場合は、法的手続きをとらなくても「国際法違反」による返還拒絶があったことになると判示した。②の要件（米国内に所在）は、「美術品差押禁止法と主権免除法はその目的が異なるので、美術品が物理的に米国内にあるときに訴訟を提起すれば、その差押えが禁止されていても、主権免除法の要件は満たされたことになる」と述べた。さらに、③の要件（商業活動）については、「貸出しの目的がどうであれ、貸与料をとって美術品を貸し出すという、民間の個人や団体が行うのと同じ行為をし、また美術館職員を貸与品に同行させるなどの方法でこれに関与している以上は、この要件を満たす」と判示した。以上の理由で、連邦地方裁判所は、本件は主権免除の例外にあたると判断し、被告による訴訟却下の申立てを認めなかった。

結論（和解の成立）

２００８年４月、原告と被告は、事実審理のための裁判期日が開かれる前に、和解により本件を解決することに合意した。作品14点のうちの５点を原告に譲渡するのと引換えに、残る９点はアムステルダム市立美術館が引き続き収蔵できることになった。この結果、５点の「シュプレマティスム」作品は、被告から原告らに引き渡された。

## ■事件のその後

差押禁止措置を講じておけば訴訟の提起も防ぐことができるように

美術館が外国の美術館における展覧会に出品するためにその所蔵品を貸し出している間に、その美術品が、その所有権を主張する第三者などにより差押えなどを受けて、返却を受けられなくなることがある。アメリカは、そのリスクに備えるため、連邦美術品差押禁止法を設けたので、アメリカの美術館は、事前に所定の手続きをとっておけば、所有権を主張する者がいる美術品であっても、差押えを受ける心配をせずに借り受けることができるようになった。

しかし、この事件により、たとえこの手続きをとったとしても、借主である外国の美術館等が米国内で返還請求訴訟を受けることまでは防げないことが明らかになった。主権免除に関する連邦法の例外にあたる場合は、連邦美術品差押禁止法に基づく手続きをとった美術品であっても、それが米国内に所在する間に、外国の国家機関や美術館に対して返還請求訴訟を起こされてしまう。これでは、外国の美術館は美術品の貸出しを躊躇するようになり、連邦美術品差押禁止法の目的が達せられなくなる。そこで、合衆国連邦議会は、この事件後に連邦美術品差押禁止法を改正し、この法律により差押えを禁止する手続きがとられた場合は、貸主に対して米国内で訴訟を提起することも禁ずることにした。この結果、現在の法制度上は、このような裁判は起こせなくなった。

ただし、以下に説明する【事件12】（アルトマン対オーストリア共和国事件）および【事件13】（カッシーラー対スペイン王国事件）は、それでもまだ、美術品を失った被害者が現にこれを所持している外国の美術館等を相手方とし、米国内で返還請求訴訟を提起することを完全に防ぐことができないことを示している。

## ■マレーヴィチのシュプレマティスム

カジミール・マレーヴィチ（1878年－1935年）は、1910年代から20年代におけるロシア・アバンギャルド（前衛芸術）の中で最も重要な画家である。彼は、カンジンスキー、モンドリアンとともに、抽象絵画の生みの親といわれる。1910年代前半、マレーヴィチは、「真の芸術は、意味や内容のない単純な図形と原色の組み合わせを出発点とする」という信念のもとに、シュプレマティスム（絶対主義）という方法論を確立した。その最初の作品は、1915年の展覧会に出品した「黒の正方形」で、まさしく白いカンヴァスに黒い四角形を描いただけのものである。この芸術理論に多くの若手芸術家が賛同し、彼はロシアの前衛芸術運動のリーダーとなる。彼のシュプレマティスムと、この影響下で生まれたロトチェンコらによる構成主義という前衛芸術運動は、旧体制の打破を目指す社会主義思想と結びつき、1917年のロシア革命を先導する役割を果たした。革命後、彼はヴィテブスク、キエフ、レニングラードなどの美術大学で教鞭をとり、1923年にはペトログラードの芸術文化研究所館長に就任する。そして、1927年にベルリンで開催された、本事件の発端ともいえる展覧会により、

「シュプレマティスム」は全世界に知れ渡り、各国の前衛芸術運動に多大な影響を与えた。

しかし、マレーヴィチは、この展覧会の頃からは若手の指導と館長の仕事に専念し、絵画を描かなくなる。その理由は、この頃から革命後のロシアを支配したスターリン政権が、労働と生産を称えて共産主義の推進に役立つ「社会主義リアリズム」の芸術を求め、抽象美術を「ブルジョア趣味」とみなして否定する政策をとるようになったためである。1930年の秋、マレーヴィチはスパイ容疑で逮捕され、取り調べを受ける。この間に、教え子たちは彼を守るため、保管していたシュプレマティスム作品や書簡をすべて焼却した。このため、彼の手による抽象画はロシア国内にはあまり残っていない。

1930年代、再び絵筆を持ったマレーヴィチは、完全な写実主義の具象画家に戻っていた。ただし、彼の信念は最後まで変わらなかったようだ。1935年、彼が癌により亡くなったとき、病床の壁には、最初のシュプレマティスム作品である「黒の正方形」が掛けられていた。彼の遺体は、教え子たちにより、黒い四角が描かれた棺で埋葬された。

2009年にマレーヴィチの遺族に返還された5点の作品は、その後ほどなく遺族たちにより高額で売却された。そのうちの一つである「シュプレマティスム・コンポジション（赤の先の上の青の四角）」（1916年）は、購入者により、2018年にクリスティーズのオークションに出品され、ロシア芸術作品としての史上最高価格（8580万ドル）で落札された。他の作品のうちの2点「ミスティック・シュプレマティスム（赤の楕円形の上の黒の十字）」（1922年）と「シュプレマティスム、10番目の構成」（1915年）は、2015年のサザビーズのオークションで、それぞれ高額（3770万ドルと33

80万ドル）で落札されている。他の2点はそれぞれ相対取引により売却された。そのうちの一つ「シュプレマティスム、フットボール選手の絵画的現実主義」（1915年）は、シカゴ美術館が購入して所蔵している。

アムステルダム市に返却された残る9点を含むマレーヴィチの作品は、もちろん今でもアムステルダム市立美術館で観ることができる。また、シュプレマティスム作品は、ニューヨーク近代美術館も何点かを所蔵している。これらは、1930年代、ドイツでマレーヴィチから作品を預かっていたドルナー博士が、ニューヨーク近代美術館に貸与したものである。マレーヴィチの遺族たちは、1993年、この美術館に対しても返還請求訴訟を提起したが、1999年に和解が成立し、近代美術館は、そのうちの一点（「シュプレマティスム・コンポジション」1923年－1925年）の返還と賠償金の支払いを条件に、それ以外の作品（絵画6点と習作9点）を取得できた。ロシア国内では、スターリン政権時代に禁じられ没収された作品が、今はいくつかの美術館に収蔵されている。トレチャコフ美術館（モスクワ）の「黒の正方形」（1915年）、国立ロシア美術館（サンクトペテルブルク）の「赤の正方形」（1915年）、「シュプレムス58番　黄と黒」（1916年）等、トゥーラ市（モスクワの南にある産業都市）のトゥーラ美術館にある「シュプレマティスム・コンポジション」（1915年）《口絵03》などである。日本国内で「シュプレマティスム」の作品を観たい場合は、千葉のＤＩＣ川村記念美術館がその所蔵する小品を常設展示している。

事件12

# グスタフ・クリムト「アデーレ・ブロッホ＝バウアーの肖像Ⅰ」の奪還

アルトマン対オーストリア共和国事件［アメリカ］

## ■事件の経緯

ナチスによる「アデーレの肖像」の略奪

第二次世界大戦前、オーストリアで砂糖工場を経営するユダヤ系チェコ人、フェルディナンド・ブロッホ＝バウアーは、ウィーンの邸宅に多数の美術品コレクションを所有していた。これには、クリムトが彼の妻アデーレ・ブロッホ＝バウアーを描いた肖像画「アデーレ・ブロッホ＝バウアーの肖像Ⅰ」（以下、「アデーレの肖像」）を含む5点のクリムト作品が含まれていた。１９３９年、ウィーンでナチスによるユダヤ人弾圧が激しくなったため、彼は多くの財産を残したままスイスに逃れた。その後ほどなく、彼の邸宅と全財産は、脱税の容疑でナチスにより差し押さえられ、彼の邸宅は鉄道の本部に転用され、砂糖工場やチェコの邸宅も没収された。美術品コレクションの多くは、ナチスの代理人弁護士フュラーによってオークションにかけられ、残りはウィーンの美術館やヒットラー、ヘルマン・ゲーリング元帥らに引き渡された。

1945年、フェルディナンド氏は、事実上無一文の状態のままスイスで亡くなった。彼は、アメリカに在住する姪のマリア・ブロッホ＝バウアー・アルトマン（アルトマン夫人）と二人の甥に全財産を遺贈する旨の遺言書を残していた。なお、フェルディナンド氏の妻、アデーレ・ブロッホ＝バウアー夫人は、戦前の1925年にすでに亡くなっている。

## 「アデーレの肖像」の行方は？　オーストリア国立博物館に引き渡すよう遺言？

第二次世界大戦後、フェルディナンド氏の遺族であるアルトマン夫人たちは、彼が所有していた「アデーレの肖像」を含む3点の作品がウィーンのオーストリア国立美術館（国立美術館）に収蔵されていることを知った。そこで、1948年、ウィーンの弁護士リネッシュを通じて、国立美術館にこれら3点の返還を求めた。国立美術館は、「これらは、1925年に亡くなったアデーレ＝ブロッホ＝バウアー夫人の遺言により、国立美術館に寄贈された」と説明した。美術館によれば、「アデーレ夫人はフェルディナンド氏に対し、彼が存命中はこれらを預かり、死後は美術館に引き渡すようにと遺言していた」ということだった。さらに国立美術館は、「アデーレ夫人は、『アデーレの肖像』ら3点以外にもう2点のクリムト作品をオーストリア国立美術館に寄贈すると遺言していたので、残りの2点も引き渡してほしい」と求めてきた。当時、オーストリア政府はリネッシュ弁護士に対し、残りの2点やその他所在の判明したフェルディナンド・コレクションがアルトマン夫人ら遺族の所有物であることを確認していた。しかし、貴重な美術品・文化財の国外持出しはオーストリア政府の許可が必要とされていたので、リネッシュ弁護士は国外に居住するアルトマン夫人たちにこれらを引き渡すことができなかった。1948年、リネッシュ弁護士は、オーストリア政府および国立美術館と交渉の末、遺族の代理人として、国立美術館の求めに応じてクリムト作の絵画2点を引き渡すことを条件に、オーストリア政府からそれ以外の美術品の国外持出し許可を受けた。

## オーストリア国立美術館の「嘘」の発覚

1999年、ナチス略奪品の調査をしていたオーストリア人のジャーナリスト、フベルトゥス・チェルニンは、「アデーレの肖像」の来歴に関する国立美術館の公表している説明が事実と異なることに気づいた。国立美術館は、「この絵は1936年に寄贈を受けたもの」としていたが、実際は、1941年にナチス党員であるフュラー弁護士が「ヒットラー万歳」と署名した書簡とともに国立美術館に引き渡していた。チェルニン氏は当時の記録をさらに調査し、「アデーレの肖像」を含む5点の所有者はアデーレ夫人ではなく、彼女の生前からフェルディナンド氏が所有していたことがわかった。1925年に亡くなったアデーレ夫人の遺言書には、「これらの作品を将来はオーストリア国立美術館に寄贈してほしい」という彼女の夫フェルディナンドに対する希望が記載されていただけだった。フェルディナンド氏はこの希望は叶えず、全財産をアルトマン夫人たちに遺贈したので、国立美術館がこれらを保持する権原《けんげん》はないはずである。チェルニン氏は、この事実をアルトマン夫人に伝えた。

## アメリカの連邦裁判所にオーストリア共和国と国立美術館を訴える

オーストリア政府は、1955年に主権を回復する際の条約により、1938年以降に強制的に取り上げられたすべての財産は元の持主に返却することを約束していた。また、1998年に制定された法律は、美術品の国外持出し許可を受けるための交換条件として国立美術館が寄贈を受けた美術品は、元の持ち主に返却すべきことも定められた。アルトマン夫人らは、これらに基づいて美術館にクリムト作品5点の返還を求めたが、国立美術館は、「オーストリアの至宝を国外にいる遺族には引き渡せない」としてこの要求を拒絶した。

1999年、アルトマン夫人は、国立美術館に対する返還請求訴訟をオーストリアの裁判所に提起しようとしたが、オーストリアで、訴えを提起するには目的物の価格の1・2パーセントの裁判費用を納めなければならない。彼女は、裁判所から全財産を超える高額の裁判費用の支払いを求められたため、この訴訟は断念せざるを得なかった。

そして、2000年、アルトマン夫人（原告）は、アメリカのカリフォルニア（中部地区）の連邦裁判所に、オーストリア共和国とその機関である国立美術館（被告ら）に対して、「アデーレの肖像」他4点の返還と損害賠償金の支払いを求める訴訟を提起した。

## ■裁判

ナチス略奪、国立美術館の嘘。オーストリア共和国らが求める主権免除は通るのか？

被告らは、様々な反論の一つとして、主権免除による訴訟の却下を求めた。

アメリカは、他の多くの国と同様、主権免除という制度を定めている。すなわち、主権免除に関する法律（主権免除法）により、外国の国家およびその機関は、法律が定めるいくつかの例外的な場合を除き、アメリカの裁判所の管轄に服することが免除されている。[†5] オーストリアという国家およびその機関である国立美術館は、この特権を受けるというわけである。

これに対し、原告アルトマン夫人らは、主権免除法は、外国の政府機関等がアメリカの裁判を受けなければならない例外的な場合を四つ定めており、本件はそのうちの一つにあたると主張した。すなわち、主権免除法は、「国際法に違反して取り上げられた財産権の取戻しや損害賠償請求に関する裁判であり、かつ、対象となる財産またはその代替物が米国内で商業的活動を行っている外国の政府の機関、団体等によって所有され、もしくは管理されている場合には、外国政府の機関等は主権免除特権を受けない」と定めている。原告は、本件はこの要件を満たしていると主張した。

連邦地方裁判所および連邦控訴裁判所は、「本件は、原告の言い分どおりの主権免除の例外にあたる」と認め、被告らによる主権免除の主張を斥けた。この例外にあたるには、取り戻しを求めている財産が、「国際法違反」によって取り上げられたこと、および取戻しを求めている外国の政府機関等が

「米国内で商業活動を行っていること」が必要である。裁判所は、「アデーレの肖像」を含む５点がナチスに略奪された点だけではなく、その後に、国立美術館がアデーレの遺言に関して原告に嘘をついてその返却を拒んだこと、および他の美術品の国外持出し許可を餌に絵画２点の引渡しを受けたこともまた、「国際法違反による取上げ」であると認定した。また、国立美術館が米国内で「アデーレの肖像」を含む所蔵品の図版を載せた英語のガイドブックを販売していること、所蔵品を米国民に宣伝して来館を勧誘していること、「アデーレの肖像」を米国内の展覧会のために貸与したことがあることなどから、「被告オーストリア国立美術館は米国内で商業活動を行っている」と認定した。[6]

### 連邦最高裁判所の判断「現に略奪品を持っている以上はアメリカで裁判を受けるべし」

被告オーストリア共和国らは、この判決を不服とし、連邦最高裁判所に上告した。被告らが争ったのは、アメリカで主権免除法の例外規定が定められたのは１９７６年なのに、裁判所がこの例外規定をそれ以前に起こった事件に適用した点である。被告らは、「この法律が存在しない１９４０年代に、アメリカで裁判を受けることはないとの期待のもとに作品を取得したのに、後からできた法律が定める例外規定によってその期待を一方的に奪うのは許されない」と主張した。この裁判にはアメリカ政府の代理人弁護士も出頭し、「連邦控訴裁判所の判断が維持されると今後の同種の事件にも影響し、外交関係を著しく損なう」と強調した。

しかし、２００４年６月、連邦最高裁判所は、連邦控訴裁判所の判断を支持し、被告らの上告を斥けた。連邦最高裁判所は、「主権免除法の目的は、外国国家等に対して、将来に亘りアメリカで裁判を受けることはないとの期待を与えることではなく、現時点における政策として、国際礼譲（国家間で尊重されている儀礼上の約束事）に基づき、アメリカの裁判を受ける不便を免除する趣旨である」と述べ、「外国の国家等が現時点において主権免除を受けるかどうかの問題には、現時点の主権免除法が適用される」と判示した[†7]。

以上により、被告らがアメリカの裁判を受けることが確定したので、そもそも原告が「アデーレの肖像」等の返還請求権を有するかどうかという実質的な争点が、連邦地方裁判所に戻って審理されることになった。

## 仲裁の合意、オーストリアの仲裁裁判所へ

連邦地方裁判所の審理において、被告らは原告の返還請求を拒むために様々な反論を主張したので、事件解決までは相当の年月を要すると思われた。しかし、２００５年11月、被告らと原告は、本件を裁判ではなく、仲裁によって解決することに同意した。仲裁は、紛争当事者間の合意に基づいて、当事者が選んだ仲裁人がいずれの当事者の言い分が正しいかを判断する方法で紛争を解決する手続きである。被告らがこれに同意したのは、原告が、仲裁を行う場所はオーストリアとすることを提案したからだった。アメリカにおけるこれ以上の裁判を回避できるのは、被告らにとって大きなメリットだった。

結論（仲裁による解決）

2006年1月、オーストリアの仲裁裁判所は、原告が提出した証拠に基づき、「アデーレの肖像等5点の作品の所有権は、もともとアデーレ夫人ではなくフェルディナンドに帰属していたので、国立美術館に遺贈されたことはない」と認定し、これらを原告アルトマン夫人らに返還することを被告オーストリア共和国と国立美術館に命じた。こうして、5点のクリムト作品はアメリカに持ち去られた。被告らは、これらの作品を原告から買い取ってウィーンに留めようとしたが、そのための資金を準備できなかった。

## ■事件の評価

### 略奪品をアメリカに貸し出していなくても

この事件は、ナチス略奪品を収蔵する外国の国立美術館に対して、被害者の遺族が米国内の裁判所に返還請求訴訟を提起した最初の裁判事件として世間の注目を集めた。美術品の元所有者が外国に対して返還を求めた事件としては、これ以前に【事件11】（マレーヴィチ対アムステルダム市事件）がある。このときは、美術品が米国内の展覧会に出品するためにアメリカの美術館に貸し出されていたことにより、外国の機関（アムステルダム市）に対するアメリカの裁判所の裁判権が認められた。しかし、【事件11】をきっかけに、合衆国連邦政府は連邦美術品差押禁止法を改正し、展覧会に出品するために外国の美術館等から所定の手続きをとって借り受けた美術品については、展覧会のために米国内にある間にアメリカの裁判所に返還請求訴訟を提起することができなくなった。それ以降は、【事件11】と同じ手法により、美術品がアメリカに貸与されている間に返還請求訴訟を提起されるおそれがなくなった。しかし、本件の判決は、外国の美術館等は、その収蔵品をアメリカに貸し出しているかどうかにかかわらず、アメリカの裁判所において返還を求められる場合があることを明らかにした。次に紹介する【事件13】(カッシーラー対スペイン王国事件)もこの点を再確認している。

## 仲裁による早期の紛争解決へ

本事件に関して特に参考になるのは、この紛争が仲裁によって解決した点である。2000年に訴訟が開始した後、そもそもオーストリア共和国やオーストリア国立美術館がアメリカの裁判を受けなければならないかどうかという主権免除の問題だけで4年の期間を要したが、仲裁に入ってからは1年で片付いている。その後も裁判を続けていれば、当時80歳を超えていたアルトマン夫人の存命中に事件を解決するのは難しかっただろう。

紛争を早期に解決するには、タイミングを計ったうえで、仲裁による解決を提案した方がよい。本件では、アルトマン夫人らは当初から仲裁を望んでいたが、オーストリア共和国の側は、アルトマン夫人が仲裁地をオーストリアでもよいと提案するまで、これに同意しなかった。私的な解決方法である仲裁は、紛争の両当事者間で合意しない限り行うことができないので、相手方に仲裁のメリットを説明して説得するとともに、仲裁地などに関してある程度の妥協をした方がよい場合もある。

## ■クリムトとアデーレ・ブロッホ＝バウアー

グスタフ・クリムト（1862年－1918年）は、世紀末のウィーン象徴主義を代表する画家である。彼は、1897年、保守的なウィーン美術界と袂を分かち、独自の表現方法を追求して「ウィーン分離派」を創始し、「裸のヴェリタス」（1899年）、「ユディットI」（1901年）、「接吻」（1907年）や壁画「ベートーベン・フリーズ」（1902年）などの傑作を残している。

クリムトは、好色漢として知られ、モデルを務めた女性の多くと関係を持ったとされている。彼の婚外子は少なくとも十四人はいる。アデーレ・ブロッホ＝バウアー夫人も、彼の愛人の一人ではないかと噂されている。アデーレの夫、フェルディナンドは砂糖製造業で財を成した実業家かつ銀行家で、クリムトの有力なパトロンだった。クリムトは、1890年代末にフェルディナンドを通じて彼女と知り合い、親しい「友人関係」になった。「ユディットI」は彼女をモデルとして描かれ、また「接吻」はクリムトと彼女をイメージしたのではないかと言われている。

クリムトは、1903年にフェルディナンドから依頼を受けて、「アデーレ・ブロッホ＝バウアーの肖像I」を描き始め、1907年に完成させた。油彩で描いたアデーレの衣装、調度品、背景を贅沢に金箔で埋めた138センチ四方の肖像画で、黄金時代のクリムト作品の中でも最も華麗で見応えがある。

ただし、この作品を最も有名にしたのはこの裁判事件である。この事件は何度も書籍やドキュメンタリー映画で扱われ、２０１５年にはこれを題材に、「黄金のアデーレ　名画の帰還（Woman in Gold）」という商業映画も制作・公開された。

２００６年1月にオーストリア国立美術館からこの絵を受け取ってアメリカに持ち帰ったアルトマン夫人は、5月にこれを米国人の資産家ロナルド・ラウダーに1億３５００万ドルで売却した。この金額は当時の美術品の取引価格として史上最高値だった。ラウンダー氏はニューヨークにノイエ美術館を設立してこの作品を寄託したので、ニューヨークに行けばこれを観ることができる。アルトマン夫人が取り戻した他の4点のクリムト作品の中には、アデーレを描いた二枚目の肖像画「アデーレ・ブロッホ＝バウアーの肖像Ⅱ」（１９１２年）も含まれていた。他の3点は、「ブナの森」（１９０3年）、「リンゴの樹Ⅰ」（１９１2年）および「ウンターアッハ・アム・アターゼーの家」（１９１6年）である。これら4点は、２００６年11月にクリスティーズのオークションにより売却され、今は個人コレクターが所有している。

事件13

# カミーユ・ピサロ「サントノーレ通り、午後、雨の影響」をめぐる攻防

カッシーラー対スペイン王国事件［アメリカ］

## ■事件の経緯

ナチス委託の美術商シュワイマーとピサロ作品

カミーユ・ピサロ作「サントノーレ通り、午後、雨の影響」（以下、「ピサロ作品」）は、ベルリンに居住するユダヤ系ドイツ人の美術品収集家、ジュリアス・カッシーラーがピサロ本人から購入し、彼の死後は彼の娘であるリリー・カッシーラー・ノイバウアー夫人（リリー夫人）に引き継がれた。1939年、リリー夫人は、ナチスのユダヤ人迫害により、ドイツを去ることにした。当時、ユダヤ人はドイツの市民権をはく奪され、また、出国するには、ナチス政府の許可を受ける必要があった。リリー夫人がピサロ作品を含む持出し品を届け出て出国許可を求めたところ、政府の委託を受けて持出し品の査定を行っ

た美術商シュワイマーは、ピサロ作品の持出しを不許可とし、彼に360ドルで売り渡すようにと要求した。リリー夫人は、出国許可を得るためにこの要求に従ってピサロ作品を手放した。

シュワイマーは、別のユダヤ人美術品収集家が所有するドイツ人画家の作品3点を手に入れるため、それら3点とこのピサロ作品を交換し、ピサロ作品はユダヤ人収集家の手に渡った。しかし、その人物もほどなく財産を残してドイツを去り、ピサロ作品はゲシュタポに押収された。

## ドイツ政府と和解するも……ピサロ作品の所在は不明

第二次世界大戦後、リリー夫人は、連合軍が定めた手続きに従って、シュワイマーに対してピサロ作品の返還を求めた。この手続きにより彼女がこの絵の所有者であることが確認されたが、その所在はわからなかった。1957年、主権を回復したドイツ連邦共和国は、ナチス略奪品の被害回復に関する法律を制定した。リリー夫人は、シュワイマーに対する返還請求はあきらめ、この法律に基づいて、ドイツ政府に対する損害賠償請求を行った。1958年、リリー夫人とドイツ政府の間で、賠償金1万4千ドイツマルクを支払う旨の和解が成立した。

## ナチスがオークションで売却、転売を重ねていたピサロ作品の行方

ピサロ作品を押収したナチスは、これをオークションにより売却していた。1951年、この絵は、オークションの落札者からこれを購入したビバリーヒルズの美術商によりアメリカに渡った。その後、

数度の転売を経て、1976年、スイスに居住していた美術品収集家、ティッセン＝ボルネミッサ男爵がニューヨークの画廊からこの絵を2万7500ドルで購入した。男爵は、この絵をスイスの居宅に持ち帰り、コレクションの一つとして1992年まで保有していた。その間、ピサロ作品は国外の展覧会に出品するため二度ほど貸し出されている。

1992年、スペイン政府は、ピサロ作品を含む男爵のコレクションを一括して借り受け、翌1993年にこれらすべてを総額3億2700万ドルで買い取った。スペイン政府は、その際の買取り条件に従って、国立ティッセン＝ボルネミッサ美術館（国立美術館）を設立し、買い取った作品を寄贈した。ピサロ作品を含むこれらコレクションは、マドリッドにある王宮の一つを改装した国立美術館の施設に収められている。

## アメリカ連邦裁判所に返還請求訴訟を提起

クロード・カッシーラー氏はアメリカ人で、リリー夫人の孫である。彼は、2000年にピサロ作品がマドリッドにあることを探し当て、スペイン王国にその返還を求めたが、2003年に拒絶された。カッシーラー氏はスペインではなくアメリカの裁判により返還を求めることにし、2005年10月、カリフォルニア中部地区の合衆国連邦地方裁判所に、スペイン王国と国立美術館（被告ら）に対してピサロ作品の返還請求訴訟を提起した。

## ■裁判

### ナチス政府の問題か？　スペイン王国と国立美術館の主権免除[8]

裁判で最初に争われたのは、そもそも、スペイン王国やスペインの国立美術館を被告とする訴訟をアメリカの裁判所に提起することができるのかどうかという問題である。

ここまで何度も述べたとおり、アメリカには、他の多くの国と同様、主権免除に関する法律（主権免除法）があり、外国およびその機関は、法律が定めるいくつかの例外にあたる場合を除き、アメリカの裁判所における訴訟の被告となることが免除されている。[9] これにより、被告スペイン王国とその国立美術館は、原則としてアメリカの裁判を受けることを拒絶できる。ただし、主権免除法は、外国国家等であっても主権免除されない例外事由の一つとして、「①国際法に違反して②外国の政府機関が取り上げた財産権の取戻しや損害賠償請求に関する裁判であり、かつ、③対象となる財産またはその代替物が、米国内で商業的活動を行っている外国の政府の機関によって所有されもしくは管理されている場合には、外国政府の機関は主権免除の特権を受けない」と定めている。原告カッシーラー氏は、本件はこの例外事由にあたるので、被告らに主権免除特権は認められないと主張した。

これに対し、被告スペイン王国らは、「第一に、ナチス政府がリリー夫人からピサロ作品を取り上げたのは、ドイツの国内問題であり『国際法に違反』していない。第二に、リリー夫人からピサロ作品を『取り上げた政府機関』はナチスであり、被告スペイン王国や国立美術館は何ら関与してない。第三に、被告国立美術館は、美術の普及という公益目的の活動をし、『米国内で商業的活動』を行ってはいない。したがって、例外事由にあたらない」と主張した。また、原告がスペインでは何らの裁判手続きをせずにいきなりアメリカで返還請求訴訟を起こしたことを指摘し、「他国の国家機関を、その国での法的手続きもとらずにいきなりアメリカの裁判に服させるのは、国際礼譲、すなわち国家間の儀礼上のルールに反し許されない」と主張した。

裁判所は、被告らの主張の第一点（国際法違反があるかどうか）については、「リリー夫人は、当時ナチスによりドイツ国籍をはく奪されていたので、ナチスの委託を受けたシュワイマーがリリー夫人から財産を取り上げる行為は国際法違反である」とし、第二点（被告らが取上げに関与していないこと）は、「ナチスが国際法に違反して取り上げた財産の返還を被告らが現に拒んでいる以上、関係がない」と判示した。そして、第三点（商業的活動を行っているかどうか）については、「国立美術館は、米国で展示品の図録等の販売など、私人と同じ行為をしているので、目的が何であれ『米国内で商業的活動』を行っている」と述べた。また、原告がスペイン国内で訴訟を提起していないことについては、「主権免除法が例外にあたるための要件として定めていない以上、裁判所が考慮する事項ではない」と判示した。

この結果、被告らがアメリカの裁判に服すべきことが確定し、実質的な争点、すなわち、原告の返還請求権が認められるのかどうかについての審理に移った。

## スペインで3年以上持っていれば所有権を取得できるのか?(実質的争点)

被告国立美術館は、返還請求に対する反論として、スペイン民法上の取得時効による所有権の取得を主張した。「取得時効」とは、他人の物を法律が定める期間を超えて所持し続けた場合、その物の所有権を取得することを認める制度であるが、スペイン民法は、「動産を3年間継続して所有者のように占有し続けた者は、その動産が犯罪によって取得されたものであることを知っていた場合を除き、その所有権を取得する」と定めている。この法律に基づき、国立美術館は、「ピサロ作品をスペイン王国から1993年に引渡しを受けてから3年を経過したときに所有権を取得した」との主張を展開した。

原告はこれに対し、「本件にはスペイン民法ではなく、カリフォルニア州の民法が適用されるので取得時効の主張は成立しない」と主張して争った。カリフォルニア州法には動産の所有権を時間の経過により取得することを認める制度は存在しないので、国立美術館がこの作品を何年間占有していようが、所有権を取得する余地はないのである。

### 原審の判断[+10]「スペインの取得時効により国立美術館は所有権を取得した」

スペイン民法上の取得時効が本件に適用されるかどうかは、紛争解決に適用すべき法律、これを準拠法というが、その決定に関する問題である。どこの国の法律が準拠法なのかが争われた際、裁判所は、法の適用を決めるための一定の基準に従ってこれを決定する。専門用語でこの基準を定めている法律を「抵触法」という。日本やヨーロッパを含む多くの国の抵触法は、「紛争解決は、その紛争に関する取引や事件が起こった地またはこれと最も密接な関係のある地の法律を適用すべし」という一般原則（最密接関係地の原則）を定めている。

本件の連邦地方裁判所は、この「最密接関係地の原則」に基づいて準拠法を判断することにした。そして、ピサロ作品が20年以上前からスペインに所在していることなどから、「この紛争に適用すべき国の法律は、被告ら主張のとおりスペイン民法である」と決定した。２０１５年6月、合衆国連邦地方裁判所は、「スペイン民法の取得時効制度に基づき、国立美術館はナチス略奪品であることを知らずに3年間以上ピサロ作品を占有していたのだから、その所有権を時効取得した」と述べ、原告カッシーラー氏の返還請求は認められないと判示し、連邦控訴裁判所も２０１７年7月にこの判断を支持した。

原告は、この判決を不服とし、合衆国連邦最高裁判所に上訴した。

### 連邦最高裁判所における原告の主張「スペイン民法を適用した点が間違っている」

原告カッシーラー氏は、連邦控訴裁判所が「最密接関連地の原則」に基づいてスペイン民法を準拠法に決定したのは間違いであり、「カリフォルニア州の抵触法」を用いるべきだったと主張した。アメリカは連邦制国家なので、各州は独立の主権を有し、州内の一般的な事件を解決するための独自の州法と州裁判所を持っている。そして、各州は、その州の裁判所が適用すべき準拠法を選ぶための基準として独自の抵触法を定めている。カリフォルニア州の抵触法は、「紛争の準拠法となる可能性がある二つ以上の国の法律をそれぞれ適用した結果が異なる場合、一方の国の法律に従ったときに他方の国の法律の目的がどのくらい損なわれるのかを検討し、相手国の法の目的を損なう度合いが小さい方の国の法律を準拠法とすべし」と定めている。原告は、「カリフォルニア州の抵触法が定める基準を用いれば準拠法はスペイン民法ではなくカリフォルニア州の民商法となり、国立美術館による時効取得は認められなかったはずだったのに、連邦控訴裁判所がこれを用いなかったために不当な結果になったのだ」と主張した。

### 連邦最高裁判所の判断[十三]「本件にスペイン民法を適用できるかどうか、再検討する」

合衆国連邦最高裁判所は、原告の言い分を認め、「本件で準拠法決定のために用いるべき抵触法は、カリフォルニア州の抵触法である」と判示した。

本件は外国の国家とその機関に対する訴えなので主権免除が争点となり、原告は連邦裁判所に訴訟を提起する必要があった。しかし、この争点が解決し、主権免除の例外にあたること、すなわち、被告らがアメリカの裁判に服すべきことが決まった以上、被告らは、アメリカの裁判手続き上、民間企業や個人がカリフォルニア州裁判所に訴えられた場合と全く同じ扱いを受けなければならない。連邦最高裁判所は、「アメリカの民事裁判において、民間の美術館が訴えられて被告となった場合は、裁判所は、被告が州内の美術館であろうが、他州や外国の美術館であろうが同等の扱いをし、準拠法の選択が問題となったときはその州の抵触法を適用するので、外国の国家や国立美術館も、アメリカの裁判管轄に服して被告となることが決まった以上はこれと同じ扱いを受けるべきである」と述べたのである。

結論

連邦最高裁判所は、2022年4月、以上の理由で、カリフォルニア州の抵触法を用いて準拠法の決定をやり直すため、本件を控訴裁判所に差し戻した。

## ■事件の評価と教訓

### 略奪品を持つ国立美術館等がアメリカの裁判で主権免除が認められる可能性はほぼゼロに

この事件はまだ係属中ではあるが、ここまでの判決は、外国の国家や美術館に対してナチス略奪品の返還を求めて合衆国連邦裁判所に提起する裁判において、主権免除が認められる可能性はほとんどないこと、および実体法上の問題を判断するための準拠法（つまり、どこの国の法律に従って裁判するか）を決めるにあたり特別扱いは受けないことを明らかにしている。すなわち外国やその機関であっても、民間の美術館が被告の場合と同様に裁判地の州の抵触法に従って決定されるということである。

本事件の被告らは、この事件で紹介した争点以外でも、カリフォルニア州法による出訴期間制限、権利行使懈怠《けたい》の法理、リリー夫人とドイツ政府との和解による権利放棄など、様々な反論を持ち出して争ったが、連邦裁判所はこれらを悉く斥けた。

結論として、ナチス略奪品を収蔵している美術館は、アメリカで裁判を受けるリスクを常に覚悟していなければならない。これを避ける最善の方法は、略奪品、盗品の疑いのある美術品をできる限り収蔵しないように努めることに尽きる。

## アメリカの訴訟は膨大な時間と費用がかかる

この事件の裁判は、ホロコーストの被害者がアメリカの裁判で略奪品の返還を勝ち取るためには、膨大な時間と訴訟費用の負担を要することを示している。外国の国家、その機関や美術館に対して美術品の返還を求めたアメリカの裁判事件としては、【事件11】（マレーヴィチ対アムステルダム市事件）や【事件12】（アルトマン対オーストリア共和国事件）があるが、いずれも、実質的な事実審理に入る前に、前者は裁判外の和解により、後者は仲裁により解決し、作品は被害者の遺族に返還された。しかし、本件の原告と被告は、和解交渉や仲裁に移行することなく実質審理に入ってしまったので、２００５年に訴訟が開始して18年を経過しても未だ解決していない。訴訟を提起したクロード・カッシーラー氏は２０１０年に亡くなり、その後の裁判は息子のデビッド・カッシーラ氏ら遺族が引き継いでいる。

２０２３年現在、事件を差し戻された連邦控訴裁判所は、カリフォルニア州抵触法を用いて準拠法を決め直している。仮に再びスペイン民法が準拠法に決まれば、前回同様に取得時効の抗弁が認められる。他方、準拠法がカリフォルニア州法ということになれば、カッシーラー氏の返還請求が認められる可能性が濃厚となる。この判断が出て訴訟が終わるにはもう数年を要するだろう。

## ■ピサロと「サントノーレ通り」

印象派の画家、カミーユ・ピサロ（1830年－1903年）は、カリブ海のセント・トーマス島出身のユダヤ系デンマーク人である。彼は20代で画家を目指してパリに出たが、なかなか芽が出なかった。1870年前後に10歳年下のクロード・モネと出会い、自然を自らの感性に従って捉え直して表現する画法の魅力を知る。1974年、彼はモネやルノワールとともに第一回印象派展を開催した。それ以降、印象派グループの最年長として、個性の強い芸術家たちのまとめ役をはたし、またセザンヌやゴーギャンら次世代画家のメンターにもなった。

その後、印象派は分裂し、ルノワールは第四回、モネは第五回以降のグループ展に参加しなくなったが、ピサロだけは1885年に開かれた最後の第八回展まで参加を続けた。1980年代後半、モネはジベルニーで抽象画の一歩手前のような作風を模索するようになり、またルノワールはラファエロに感化されてアングル風の様式に変更していた。同じ頃、ピサロは、スーラ、シリャックら後期印象派の影響を受けて点描画法を多用していたが、これでは移ろいゆく風景の瞬間を捉えられないことに気づき、1990年以降、荒いタッチで光の変化を表現する当初の印象派の様式に戻っている。

1990年代中頃から、ピサロはパリのホテルに滞在し、部屋の窓から見えるパリの町の風景を数多く描いた。これは、目の病気が悪化して外出を控えたこと、観光地の風景画は買い手が付きやすいことなどに加え、日本の浮世絵を見た影響とされている。本事件の「サントノーレ通り、午後、雨の影響」

（1897年）も、彼が、パリのサンラザール駅前のホテルから見た景色を初期印象派の頃と変わらぬ画風で描いた作品である。当時はまだ、印象派の作品はアカデミーの主流から評価されていなかったが、市中の印象派コレクターは徐々に増えていた。特に、ユダヤ人画家であるピサロの小品は、目の肥えたユダヤ人美術愛好家の間で人気が出始めていた。

「サントノーレ通り、午後、雨の影響」は、とりあえず今のところは、マドリッドの国立ティッセン＝ボルネミッサ美術館に行けば観ることができる。また、同じ風景を異なる光の効果の中で描いた作品として「サントノーレ通り、陽光、昼」（1898年）、「サントノーレ通りの朝陽、テアトル・フランセ広場」（1898年）などがある。前者は、米国カンザスシティのネルソン・アトキンス美術館、後者はコペンハーゲンのオードロップゴー美術館が所蔵している。

# Ⅳ

# アートと表現の自由

歴史上、国家や権力者は、自らの政策実現に役立ちそうなアートを保護して利用するとともに、害になりそうなアートは粛清、禁止するという行為を繰り返してきた。しかし、20世紀以降のアートは、芸術家を含む市民が自己の思想・信条や社会に訴えたいことを伝達するための重要な表現手段の一つと認められているので、権力者の都合や嗜好により規制を加える行為は表現の自由の侵害となる。国民の基本的人権保護のための憲法を持つ民主国家において、公権力がアートの公開を規制できるのは、それが公共の利益に反する場合に限られる。

しかし、公共の利益と権力者側の恣意的な意向との境界線はそれほど明確ではない。特に、公益のためにアートを規制すべきかどうかの判断は、規制する側である公権力が行うので、規制を受ける側の市民との間で表現の自由をめぐる紛争になりやすい。

【事件14】は、アート作品のわいせつ性と表現の自由をめぐるアメリカと日本の事件、【事件15】および【事件16】は、公的資金による助成を受けた美術展に対する規制の問題に関するアメリカおよび日本の事件をそれぞれ紹介する。これらの事件から、アメリカと日本の間において、アートによる表現の自由に対する姿勢や考え方に違いがあることにも気づいてほしい。

続く【事件17】は、弁護側が芸術的表現の自由を根拠に「芸術活動は犯罪ではない」と主張して争った日本の刑事事件である。

事件14

# メイプルソープの写真作品はわいせつか？

シンシナティ対現代美術センター事件等［アメリカ、日本］

## ■事件の経緯

「パーフェクトモメント展」事件（第1事件）

１９９０年春、オハイオ州ハミルトン群シンシナティ市にあるシンシナティ現代美術センター（現代美術センター）で、ロバート・メイプルソープの回顧展「パーフェクトモメント」が開催された。全米各地を巡回するこの展覧会は、メイプルソープが同性愛を表現した写真作品数点等が展示されていることでスタートから物議を醸し、１９８９年6月、当初巡回先に予定していたワシントンＤＣのコーコラン美術館は、展覧会の開催直前にこれを取り止めた。この中止をめぐってアーティストをはじめとする全米の芸術関係者から批判が殺到し、この美術館のキュレーターと館長は辞任に追い込まれた。このニュースは、次の巡回先であるシンシナティ市でも新聞に大きく取り上げられたが、保守的な市民の間では、展覧会の開催に対して否定的な意見が多かった。

1990年4月、ハミルトン郡大陪審は、「この写真展にはわいせつ物が展示されている」として、これを開催する現代美術センターとその館長であるデニス・バリーをオハイオ州わいせつ物取締法違反（刑事事件）により起訴した。オハイオ州わいせつ物取締法は、いかなる者も「あらゆるわいせつ物を助長、陳列……または展示」することは許されないと定めている。

展示された175点の写真作品のうち、裁判の対象になったのは7点で、そのうちの2点は、男女一人ずつの裸の未成年者の「性器にみだらに焦点を当てた」写真である。他の5点は、大人の男性が異常なサドマゾヒスティックなポーズをとっているものだった。

### 展覧会図録「Robert Mapplethorpe」事件（第2事件）

1992年、写真愛好者である土屋勝氏は、アメリカ旅行をした際、一冊の展覧会図録を購入した。ニューヨークのホイットニー美術館が1988年にメイプルソープの回顧展の際に刊行したもので、100枚を超える写真作品が掲載されている。彼は、これを貨物として日本の自分の事務所宛てに発送した。しかし、この図録は、税関の検査に引っかかり、税関長の輸入許可を受けることができなかった。

関税定率法は、麻薬等、拳銃等の武器、偽造通貨、知的財産権侵害品などに加えて、「公安または風俗を害すべき書籍、図画、彫刻物その他の物品」を輸入してはならないと定めている。「風俗を害すべき」とは、「わいせつ性がある」のと同じ意味である。税関長は、図録に掲載された写真は「わいせつな書籍、図画」なので、「風俗を害すべき図画」にあたると認定し、土屋氏にそのことを通知した。輸入不許可の通知を受けた者は、貨物の所有権を放棄するか、またはアメリカに送り返す手続きをとらなければならない。土屋氏は、これを不服とし、東京税関長に異議申立てをし、さらに大蔵大臣（当時）に審査請求をしたが、認められなかった。

そこで彼は、税関長による不許可通知処分の取消し等を求めて、東京地方裁判所に訴訟を提起した。

## 写真集「MAPPLETHORPE」事件（第3事件）

１９９４年、アップリンク社は、アメリカのランダムハウス社との間の契約に基づき、ランダムハウス社が刊行した写真集「MAPPLETHORPE」の日本語版を日本において出版した。この写真集は、メイプルソープの初期のポラロイド写真からポートレイト、花、生物、男性および女性のヌード、晩年のセルフ・ポートレイトに至るまでの主要な作品を編集し、その写真芸術の全体像を概観するもので、第２事件の訴訟で争われた展覧会図録「Robert Mapplethorpe」に掲載されていた写真も数点含まれている。アップリンク社は、全国紙の朝刊などでこの写真集の販売広告をし、１９９５年３月末までに９３７冊を販売した。

１９９９年９月、アップリンク社の取締役は、商用のため渡米する際、この写真集一冊を携行した。帰国の際、彼は写真集を税関に提示し、日本で出版されたものであることを説明したところ、税関長は、この写真集を「風俗を害すべき物品」と判断し、輸入不許可の通知をした。

アップリンク社の取締役はこれを不服とし、不許可通知処分の取消しなどを求める訴訟を提起した。

## ■第1事件の裁判

### わいせつの判断は写真展全体ではなく展示作品ごとに

陪審員による公判審理が始まる前に、美術センターとその館長（被告人ら）は、裁判官に対し、「本件で起訴されたのは、写真展に展示された写真作品175点のうちの7点だが、この写真展は全体として一つの作品なので、写真展全体としてわいせつかどうかを判断すべきである」と主張した。しかし、裁判官は、「展示されている個々の写真はそれぞれ別の所有者から貸与を受けたものなので、陪審員は、個々の作品についてわいせつかどうかを判断すべきである」と述べてこの主張を斥けた[†]。これを前提に陪審裁判の審理が始まり、陪審員たちは、起訴された7点の作品以外の写真展展示作品を見ることを禁じられた。

### 陪審裁判の審理とアメリカ判例法上のわいせつの判断基準

わいせつ物取締法違反の刑事責任を問う裁判において、検察側は、展示品、陳列品が法的に「わいせつ」であると陪審員を説得しなければならない。アメリカの判例法上、「わいせつ」とは、①平均的な人が、現代の社会的基準に照らし、全体としてその作品はみだらな感情を呼び起こすと認め、②その作品が明らかに不快な方法で性的行為を描写または記述し、かつ③その作品が全体として文学的、芸術的、政治的または科学的な価値を欠いていることをいう。†2 この訴訟では、③の要件、すなわち、「作品が芸術的価値を欠いているかどうか」が争点になった。

1990年9月24日、男女各四人の計八人の陪審員のもとで証拠調べが行われた。被告人らは、作品に芸術的価値があることを証明するために、数名の美術専門家を呼び、これら7点の写真が一流の芸術家による優れた作品であることを証言させた。この証言をした専門家には、ロサンゼルスのゲッティ美術館の館長、イーストマン研究所のキュレーター、カリフォルニア大学バークレイ校附属美術館の館長らが含まれていた。これに対し、検察側の証人は、反ポルノ団体の顧問を務める学者一名であり、美術の専門家は誰も呼ばれなかった。

## 芸術作品はわいせつ物ではない（陪審員の評決）

1990年10月5日、八人の陪審員は、被告らがわいせつ物を展示・陳列したという罪に対して無罪であると評決した。オハイオ州の法律では、州は陪審員の評決に対して上訴することが禁じられているので、この事件はこれにより確定した。

## ■第2事件の裁判

芸術性は「わいせつ」であることとは関係がない？

展覧会図録「Robert Mapplethorpe」には、人物の顔、男性、女性のヌード、花や彫刻などを撮影した写真が含まれているが、税関長が問題にしたのは、男性の性器が強調されたり、自慰行為を連想させたりする7点の作品だった。土屋氏は、メイプルソープは著名な芸術写真家であり、写真集の芸術的価値が高いことなどから、この図録には、「わいせつ性」がないと主張した。しかし、裁判所は、「芸術性とわいせつ性とは別の次元の概念であるから、芸術性がわいせつ性の判断の妨げにはならない」として、土屋氏の請求を棄却した。

性器の描写があればわいせつ？（最高裁判所の判決）

土屋氏は、最高裁判所に上告したが、１９９９年2月、最高裁判所も「本件の図録には、性器そのものを強調し、性器の描写に重きが置かれている写真が含まれているから、風俗を害すべき書籍、図画等に当たる」と判断し、上告を棄却した。

## ■第3事件の裁判

## 日本で販売された書籍でもいったん外国に持ち出されると「わいせつ」になる？

第一審の東京地方裁判所は、アップリンク社刊行の写真集がすでに日本で販売されていることを重視し、「わいせつ性が問題となると思われる書籍等であっても、すでにわが国において出版等がされ、流通に置かれていたものがいったん外国に持ち出され、その後わが国に持ち込まれる場合には、税関長においては、特別な事情がない限りは、輸入を許すべきである」と判断した。

しかし、控訴審である東京高等裁判所は、「すでにわが国において頒布、販売されているものであっても、それがいったん外国に持ち出され改めてわが国に持ち込まれることによって、わが国の健全な性的風俗が害されるおそれが高まることは明らかである」と述べ、この写真集にわいせつな写真が含まれていることを理由に請求を棄却した。原告は最高裁判所に上告した。

## わいせつ性を否定（最高裁判所の判断）

２００８年２月、最高裁判所は、メイプルソープは高い評価を受けた写真芸術家であること、写真集は芸術的な観点から編集、構成されていること、男性性器などを強調した写真は３８４ページ中の19ページに過ぎず比重が低いこと、白黒写真であり性交を直接的に表現していないことなどを総合し、写真集のわいせつ性を否定し、原告の請求を認めた。

## ■事件の評価

### 日本も芸術性の高さを重視する流れに

第1事件における無罪判決は、アメリカの判例法上のわいせつ性の原則を再確認し、同性愛者の権利と同性愛アーティストの表現の自由の分野が合衆国憲法修正第1条の保護を受けることを明らかにした。

これに対し、日本の裁判所は、第2事件において、同じ写真家の作品に関するわいせつ性の評価に関し、アメリカの裁判所とは正反対の判断を示した。特に、アメリカの判例法は、わいせつの判断基準の一つとして、「作品が全体として文学的、芸術的、政治的または科学的な価値を欠いていること」を挙げ、芸術作品を「わいせつ」から除外しているのに対し、日本の裁判所は、「芸術性とわいせつ性とは別の次元の概念であるから、芸術性がわいせつ性の判断の妨げにはならない」と述べ、芸術的価値が認められる作品であっても、わいせつであることを理由に表現の自由を制限される場合があることを示唆している。

ただし、第3事件では、裁判所は第2事件の判断を若干修正し、メイプルソープ作品の芸術性が高いことを、わいせつ性を否定する理由の一つに挙げている。アメリカの判例法の考え方に少しだけ近づいたことになる。

## ■ロバート・メイプルソープとパティ・スミス

ロバート・メイプルソープ（1946年－1989年）は、1970年代から80年代のアメリカにおいて最も有名な写真家である。彼は、ニューヨーク、クィーンズ地区の貧しい家庭に生まれ、ブルックリンの美術学校でグラフィックアートを学んだ。20歳の頃、アーティストを目指してニューヨークに訪れた同い年の女性と恋に落ちる。後に「パンクの女王」を呼ばれるパティ・スミスである。二人は、1967年から同棲を始めたが、メイプルソープは自分がゲイであると自覚し、72年以降は同居を解消した。しかし、その後も二人の友情は続き、生涯に亘り互いの芸術活動を支え合った。当初、メイプルソープはコラージュ、パティは詩作に取り組んでいたが、70年代に入り、それぞれ写真家、ロック歌手の道を歩み始める。

1975年、メイプルソープは、パティのファースト・アルバムのジャケット用に、彼女の中性的なイメージを強調したモノクロ写真を撮った。パティは、レコード会社の反対を押し切ってこれを採用したところ、アルバムは大ヒットし、メイプルソープも売れっ子カメラマンとなる。

メイプルソープの作品は、ポラロイドカメラを用いたモノクロのセルフ・ポートレイト、アンディ・ウォーホル、シンディ・シャーマン、シュワルツェネッガー、リサ・ライオン等セレブの肖像写真、花の写真などが人気を博した。しかし、彼はこれらと並行して、性器を露出・誇張した男女のヌード、同性愛、黒人ヌード、サドマゾなど、当時の社会がタブーとしていたモチーフの作品を次々と世に送り出し、保守層の大批判を浴び続けた。

1986年、メイプルソープは、当時不治とされていたエイズ発病の診断を受ける。しかし、その後も挑戦的な作品を撮り続け、1988年にはホイットニー美術館で回顧展を開催し、1989年に43歳で他界した。

遺作となった『フラワーズ』（ブルフィンチプレス、1990年）は、彼が撮り貯めたフルカラーによる美しい花の写真集である。パティ・スミスは、別れの前日に彼と交わした約束によりこの作品集に載せる前文と詩を綴り、二人の最後の共作を完成させた。

本件の第3事件の写真集「MAPPLETHORPE」の米国版は、2019年に改訂版が出版された。パティはこれにも新作の詩を寄せている。

事件15

# 「センセーション展」は公共の施設で開催できないのか？

ブルックリン美術館対ニューヨーク市事件［アメリカ］

## ■事件の経緯

ブルックリン美術館の設立、ニューヨーク市との契約締結

ニューヨークのブルックリン地区にあるブルックリン美術館は、１８９０年、ニューヨーク州が定めた法律に基づいて図書館を組織変更して設立された。ブルックリン美術館の敷地と建物（本件施設）は、ニューヨーク市からリース契約に基づいて貸与されている。さらに、ニューヨーク市とブルックリン美術館は、法律に従って、美術館運営に関する契約を締結している。この契約には、ブルックリン美術館は、本件施設において展覧会を開催し、絵画その他の作品を市民および公衆のために公開展示する義務を負うこと、ニューヨーク市は、毎月、美術館に対し、その施設の維持管理に必要な費用を支払うこと

などが定められている。

## 問題作ばかりを展示する「センセーション展」を開催

1997年、ロンドンのロイヤルアカデミーは、ヤング・ブリティッシュ・アーティスト（YBAs）と呼ばれるイギリス若手美術家たちの問題作ばかりを展示する「センセーション展」を開催した。展示品は、ダミアン・ハーストによるホルマリン漬けの動物、クリス・オフィリによる象の糞を用いて描いた黒い聖母マリアの絵などである。この展覧会は賛否両論を呼び、現代美術展として記録的な観客を集めた。

ブルックリン美術館の館長アーノルド・レーマンは、このセンセーション展を観覧し、これと同じ展覧会をニューヨークでも開催したいと思い立った。彼は、1998年からブルックリン美術館の理事会に「センセーション展」の開催計画を提案し、展覧会の趣旨や展示品を説明した。理事の一人でもあるニューヨーク市文化部長には、展示品のカタログを示して直接話し合った。1999年4月、理事会は、この展覧会を10月2日から開催することを決定した。賛否が分かれそうな展示の内容に鑑み、特別展として入場料をとること、未成年者の入館は大人の同伴を要することなども決まった。このニュースは、ニューヨーク・タイムズにより市民に報じられた。

## ニューヨーク市による補助金支給停止

展覧会の開催日が10日後に迫った1999年9月22日、ニューヨーク市文化部長は、市長の代理としてレーマン館長に電話し、「展覧会の開催を中止しなければ、ニューヨーク市はブルックリン美術館に対する補助金の支給をすべて取りやめる」と通告した。ジュリアーニ市長は、展示品のうち、特にクリス・オフィリの象の糞を用いた「聖母マリア」に強い不快感を抱いているとのことだった。市長は、この作品およびダミアン・ハーストの二匹の豚をホルマリン漬けにした作品について、「美術館における展示にふさわしくない」とコメントした。その翌日以降、市長はさらに、「学童にふさわしくない展覧会の開催は、本件施設のリース契約に違反する」と述べ、ブルックリン美術館に対し、「展覧会を直ちに取り止めなければ、補助金の全額支給停止に加え、美術館の理事全員を入れ替え、さらにリース契約を解約して本件施設の明渡しを求める」と宣告した。9月28日、市長は、「市民の税金を、宗教上の重要なシンボルを冒涜する行為の支援のために使うことはできないので、ブルックリン美術館への補助金は直ちに停止する」との声明文を発表した。

この声明を受け、ブルックリン美術館（原告）は、「ニューヨーク市の行為は合衆国憲法が保障する表現の自由および平等保障条項に違反する」と主張して、合衆国（ニューヨーク東部地区）連邦地方裁判所に訴訟を提起し、ニューヨーク市およびジュリアーニ市長（被告ら）に対して補助金の支給停止、本件施設の明渡し請求等の禁止を命ずる仮処分を求めた。ニューヨーク市および市長は、この却下を求めるとともに、リース契約を解除して本件施設の明渡しを求める旨の反訴を提起した。

## ■裁判[†3]

ニューヨーク市の措置により回復不能の損害は生じているか？

仮処分とは、民事裁判において最終的な判決が確定する前に、判決がでた場合と同じ処分をとりあえず認めてもらうための手続きである。たとえば、金銭の支払いを求める訴訟において裁判所が仮処分を命じた場合、被告は支払いを求められている金額を直ちに支払わなければならなくなる。最終的な判決で原告の敗訴が確定した場合は、原告は、仮に支払いを受けた金額に利息を付して返さなければならない。

アメリカの裁判所において、仮処分の請求が認められるためには、原告は、①原告が回復不能な損害を受けること、および②裁判において原告が勝訴する見込みであることを証明しなければならない。

本件において、被告ニューヨーク市および市長はまず、「ニューヨーク市が補助金を支払わなかったとしても、原告ブルックリン美術館はセンセーション展の開催が直ちにできなくなるわけでも、また美術館の運営ができなくなるわけでもないので、回復不能の損害を受けていない」と主張し、①の要件を争った。

しかし、裁判所は、この被告らの議論は、「表現の自由の侵害が原告にとって回復不能の損害である点を無視したものである」としてこれを斥け、「被告ニューヨーク市がすでに補助金の支給を停止し、かつ訴訟において本件施設の明渡しを求めていること、およびこれらが表現の自由の侵害にあたる可能性が高いことに鑑みれば、原告ブルックリン美術館は回復不能の損害をすでに受けているので、①の要件は満たされている」と判示した。

## ニューヨーク市による「表現の自由」の侵害はあるか？

被告ニューヨーク市および市長は、様々な理由を述べて、補助金の支給停止や本件施設の明渡し請求は表現の自由を侵害しないと主張したが、裁判所は、以下のとおりすべての主張を斥けた。

第一に、被告らは、「補助金を支給するかどうかは被告ニューヨーク市の裁量により決定すべきことなので、原告ブルックリン美術館には支払請求権がない」と主張した。しかし、裁判所は、「政府は市民に便益を与える義務を負っていないが、市民が憲法上の権利行使をしたことを理由に便益の付与を拒絶することは許されない」とする判例法に言及し、ニューヨーク市による補助金の支給停止は憲法違反であると判示した。

第二に、被告らは、補助金支給停止の理由として、「市民の税金を市民が好まない展覧会のために使うことはできない」と主張したが、裁判所は、この言い分は論理のすり替えであるとして斥けた。そもそも、補助金は本件施設の管理維持のための費用であり、センセーション展のために支出されるわけではない。本件の問題は、市民の税金が特定のイベントに使われたことではなく、公的機関が自己または一部市民が嫌っていることを理由に特定の表現を差別的に取り扱った点である。被告らは、展覧会の一部の展示品が気に食わないという理由で、原告に補助金の支給停止および本件施設の明渡し請求という制裁を加えているので、表現の自由を侵害していることは明らかである。

第三に、被告らは、「センセーション展の開催は、原告の設立根拠法およびニューヨーク市との契約違反である」と主張した。しかし、法律および契約が定めている原告の義務は、公衆の娯楽および教育のために美術作品を鑑賞する機会を提供することである。裁判所は、「センセーション展の開催はこの目的に違反するものではないし、契約上、被告ニューヨーク市は展示する作品を選択したり反対したりする権利を有していない」と述べて、この主張を斥けた。

第四に、被告らは、「原告の主張を認めると、原告は表現の自由を理由にポルノを展示する施設になってしまう」と主張したが、裁判所は「この主張は馬鹿げている」と述べて斥けた。そのような事態が仮に起こった時に補助金の停止や明渡し請求ができるかどうかは、そうなったときに検討すべき問題である。

最期に、被告らは、「原告が公共施設において宗教を侮辱する不快な作品を展示したので支援を取り止める義務がある」と主張した。裁判所はこれに対し、公権力は宗教から中立であるべきことを指摘した。「原告は美術館として世界中の美術品を所蔵し、その中には様々な異なる宗教的な主題のもの、反宗教的なものも含まれているが、これを展示したからといって、美術館が信教の自由の侵害や反宗教的な行いをしたことにはならない。中立的であるべき被告らが、特定の作品の展示に対して被告の宗教的な見地から制裁すべきことを示唆するならば、それこそ信教の自由を侵害するおそれがある」と裁判所は述べたのである。

結論

以上の理由で、1999年11月、裁判所は、「被告ニューヨーク市および市長の行為は原告の憲法上の権利である表現の自由を侵害する」と判示し、被告らに対し、補助金の支払停止と本件施設の明渡し請求その他センセーション展の開催に対する制裁行為の禁止を命ずる仮処分を言い渡した。

被告らは上訴したが、2000年3月、補助金支給停止や明渡し請求等をすべて撤回することで原告と和解した。

## ■事件の教訓

### 公権力が展覧会を妨害する行為は「表現の自由」の侵害であり許されない

この事件は、公的機関が、美術館に対して、特定の展覧会の開催や特定の作品の展示を止めさせるため、あるいはそれを開催・展示したことに対する制裁として、補助金の支給を停止したり貸与施設からの明渡しを求めたりする行為は憲法上の表現の自由の侵害にあたり許されないことを正面から示した事件である。

本事件では、被告ニューヨーク市およびニューヨーク市長は、憲法の教科書に載せてもよいレベルの「違憲行為の見本」というべき行動と主張を行ったので、連邦裁判所にとっては、判断しやすかったのではないかと思われる。

## ■ヤング・ブリティッシュ・アーティスト（ＹＢＡｓ）とその作品

ヤング・ブリティッシュ・アーティストとは、１９９０年代の世界の美術界を席巻したイギリスの若手美術家たちのことである。ダミアン・ハースト（１９６５年－）、トレイシー・エミン（１９６３年－）、レイチェル・ホワイトリード（１９６３年－）、ジリアン・ウェアリング（１９６３年－）、クリス・オフィリ（１９６８年－）らがこのグループに含まれる。

彼らの活動の発端は、１９８８年、当時ロンドンのゴールドスミス美術大学の学生だったダミアン・ハーストが同じ大学の仲間たちと開催した「フリーズ（freeze）」というグループ展である。既存の画廊や美術商は無名の美術学生の作品に関心を示さないため、この展示会は、ロンドン東部のドックランドにある空ビルを利用して開催された。広告代理店の経営者で美術品収集家のチャールズ・サーチは、ゴールドスミス美術大学の講師の誘いでこの展覧会をたまたま観覧したことをきっかけに彼らの作品を購入し始めた。サーチはそれまで、ジェフ・クーンズ、アンディ・ウォーホルなどの著名な美術家の作品を収集するコレクターとして名を馳せていたが、それまでのコレクションをすべて市場に放出し、ハーストらの作品に買い替えた。１９９２年、サーチが自分のギャラリーで第一回目の「ヤング・ブリティッシュ・アーティスト展」を開催したことから、このグループ名ＹＢＡｓが生まれた。そして、

1997年、サーチがスポンサーをした「センセーション展」により、彼らの国際的な名声が確立した。YBAsの代表的な作品には、ハーストの「生者の心における死の物理的不可能性」（1991年、ホルマリン漬けのサメを水槽に入れた作品）、トレイシー・エミンの「マイベッド」（1998年、失恋のショックで4日間寝込んだ後の乱れたベッド、ごみ、空き缶などをそのまま展示する作品）、ホワイトリードの「ハウス」（1993年、家全体をコンクリートと石膏で覆った作品）などがある。これらの作品は、イギリスで最も権威ある美術賞であるターナー賞を順次に受賞している。その後、オフィリ、ウェアリングらも相次いでターナー賞を受賞した。1990年代の美術界はまさにこのグループの独壇場だった。

現在、ヤング・ブリティッシュ・アーティストたちもすでにデヴューから30年が過ぎ、円熟期を迎えつつある。未だに活躍を続ける彼らだが、その作風は、過激な作品を発表し続けるリチャード・プリンスらの世代とは異なり、時代にあわせて徐々に大人しくなっている。クリス・オフィリは、象の糞の使用はやめて、青を基調とした絵画シリーズなど、神話や自然から着想を得た作品を手掛けている。ダミアン・ハーストは、2018年から2020年にかけて、満開の桜をドットで表現した「桜シリーズ」を作成した。その展覧会は2022年に東京の国立新美術館でも開催されたが、観客に心地よさと安らぎを与える穏やかな作品群である。

なお、本件で問題となったクリス・オフィリの「聖母マリア」は、2015年にクリスティーズのオークションで個人コレクターが288万ポンド（約5億8千万円）で落札した後、ニューヨーク近代美術館に寄贈されている。

事件16

# 「表現の不自由展・その後」はハラスメントか？

「あいちトリエンナーレ2019」実行委員会対名古屋市事件【日本】

## ■事件の経緯

あいちトリエンナーレ2019

「あいちトリエンナーレ」は、愛知県が、2005年の愛知万博の理念を継承する目的で、2010年から3年ごとに開催している国内最大規模の国際芸術祭である。その準備と開催運営は、愛知県知事が代表者会長、名古屋市長が会長代行を務める「あいちトリエンナーレ実行委員会」という団体（芸術祭実行委員会）が行っている。この芸術祭実行委員会は、法人格がない団体で、法律上「権利能力なき社団」と呼ばれる団体であって公的機関ではない。

芸術祭実行委員会には、重要事項の決定機関として運営会議が設けられている。この会議体は、愛知県知事を代表、名古屋市長を会長代行として他二二名で構成されている。運営会議は、各回の芸術祭を開催するにあたり、芸術監督の選任を行う。芸術監督とは、芸術祭のテーマ、コンセプト、企画内容、実施体制等の決定を行う学芸業務における最高責任者である。

２０１７年８月、芸術祭実行委員会は、第四回目の芸術祭である「あいちトリエンナーレ２０１９」の芸術監督にジャーナリストの津田大介氏を選任した。

### 「表現の不自由展・その後」

２０１５年、東京都練馬区の民間ギャラリーで、「表現の不自由展　消されたものたち」という展覧会が開催された。日本における「表現の自由」が脅かされているのではないかとの危機意識を背景に、近年、公共の施設で展示することが不許可となった作品を集め、不許可の理由とともに展示した展覧会で、15日間の会期中に２７００人が来場した。

２０１８年3月、津田大介監督は、「あいちトリエンナーレ２０１９」における国際現代美術展の企画の一つとして、２０１５年の「表現の不自由展」と同じ趣旨の展覧会を、芸術祭会場内の展示室で実施することを思いついた。この企画展は２０１５年以降に展示不許可になった作品も展示に加えるので、「表現の不自由展・その後」というタイトルを付けることにした。

２０１８年6月、津田監督は、２０１５年の展覧会を開催した団体のメンバー五名にこの計画を持ち掛けて協力を求め、「表現の不自由展・その後」（本件不自由展）の開催を決定した。その結果、この企画展は、芸術祭の他の展示とは異なり、彼ら五名の委員からなる「表現の不自由展実行委員会」（不自由展実行委員会）に委託して実施されることになった。

本件不自由展には過去に物議を醸したことがある様々な作品が展示されることになった。これには、キム・ソギョン、キム・ウンソン夫妻による「平和の少女像」（いわゆる従軍慰安婦像のレプリカ。「作品1」）、大浦行信の「遠近を抱えて Part II」（昭和天皇をコラージュした版画作品が焼却される描写を含む映像作品。「作品2」）、中垣克久の「時代の肖像—絶滅危惧種 idiot JAPANICA 円墳—」（靖国参拝、憲法9条改憲を批判する新聞記事をかまくら状の竹細工に添付したもの。「作品3」）なども含まれていた。

2019年3月、芸術祭実行委員会は運営会議を開催し、各委員に「あいちトリエンナーレ2019」のプレスリリースを交付した。これには、「あいちトリエンナーレ2019」のテーマ、コンセプトとともに、各企画の紹介がされていた。本件不自由展については、「慰安婦」問題、天皇と戦争、政権批判などのテーマの作品を展示不許可になった理由とともに展示することが紹介された。ただし、具体的な展示作品の記載はなかった。

## 「表現の不自由展・その後」展示会の中止

2019年8月1日、「あいちトリエンナーレ2019」が開幕した。その日から、本件不自由展の展示室の外では抗議の人々が集まり、またSNS上に投稿された作品の写真を見た者による抗議の電話、メール、FAXが殺到した。翌8月2日には、開催場所である愛知県美術館でガソリンテロを実行する旨を予告するＦＡＸ文書が届き、抗議、脅迫、恫喝の件数は、８月３日までに４千件に及んだ。

河村たかし名古屋市長は、８月２日に本件不自由展を視察して展示作品に嫌悪感、不快感を抱き、芸術祭実行委員会会長である大村愛知県知事あてに抗議文書を出し、展示中止を含めた適切な対応を求めた。また、参議院議員、大阪市長などの政治家からも批判が相次いだ。

２０１９年８月３日、大村県知事と津田監督は、このままでは来場者等の安全確保ができないとの判断から、本件不自由展の展示を中止することに決定し、そのことを発表した。しかし、この決定と発表に関し、不自由展実行委員会や参加アーティストの事前承認はとっていなかった。

## 展示会の中止に対する抗議とその再開

中止が発表された8月３日、不自由展実行委員会は、記者会見で一方的な中止を抗議した。８月４日以降、本件不自由展に出品していたアーティストらが中止に反対する意見を発表した。８月６日、「あいちトリエンナーレ２０１９」参加アーティスト72組がステートメントを公表し、本件不自由展の再開を求めた。それ以降、参加アーティストの一部が自身の展示室を閉鎖したり、展示内容を変更したりするようになった。９月27日までに、ステートメントに賛同するアーティストは、「あいちトリエンナーレ２０１９」に参加する93組中88組になり、展示を中止、変更するアーティストは15組になった。

さらに、アーティスト・芸術業界、メディア、弁護士会等合計40の団体から中止に対する抗議が寄せられた。国内外のキュレーターやアーティストからは、このままでは海外から検閲と受け取られ、海外アーティストを招く国際展の今後の実施が困難になるとの指摘がなされた。

9月13日、不自由展実行委員会は、芸術祭実行委員会に対して本件不自由展の展示再開を求める保全処分を名古屋地方裁判所に申し立てた。保全処分の審尋（裁判所が決めた日に、事件に関する意見や主張を裁判所に提出すること）は9月30日までに三回行われている。

大村県知事は、8月9日、本件不自由展の再開の是非と条件について第三者の立場から検証してもらうため、「あいちトリエンナーレの在り方検討委員会」を設けた。検討委員会は、国内フォーラムを開催し、出展作家やフォーラム参加者との意見交換等を行ったうえ、9月25日に中間報告を発表し、十分な対応策を講じたうえで再開すべき旨の提言を行った。この提言を受け、9月30日、不自由展実行委員会と芸術祭実行委員会は、保全事件の第三回審尋期日において、10月8日までの再開を前提に協議する旨の和解を成立させた。

10月8日、本件不自由展が再開され、10月14日に「あいちトリエンナーレ２０１９」の閉幕により終了した。この芸術祭は、前回を10パーセント以上も上回る67万人以上の来場者を集め、チケット収入は予想値を7千万円上回った。

名古屋市による負担金減額決定

あいちトリエンナーレの運営経費の8割くらいは、愛知県と名古屋市の負担金によって賄われていたが、その負担割合は、愛知県が約8割、名古屋市が約2割である。

名古屋市は、２０１９年３月、「あいちトリエンナーレ２０１９」の実施費用のうちの１億７１００万円を負担すること、これを三回に分けて交付することを決定し、実行委員会に通知していた。そして、２０１９年４月に６５２０万円、７月に７２００万円を支払った。しかし、本件不自由展をめぐる芸術祭実行委員会の対応を不満とし、10月18日に予定していた残金３３８０万円の支払いは留保した。

２０２０年３月、名古屋市は、負担金交付決定額を１億７１００万円から１億３７２０万円に減額する旨、すなわち留保した３３８０万円については支払わない旨を決定し、これを芸術祭実行委員会に通知した。

２０２０年５月、芸術祭実行委員会（原告）は、名古屋市および名古屋市長（被告ら）に対し、負担金の残額３３８０万円とこれに対する遅延損害金の支払いを求める訴訟を名古屋地方裁判所に提起した。

## ■裁判[†4]

名古屋市による補助金の取消しは「特別の必要」にはあたらないので許されない（被告の主張と裁判所の判断）

被告名古屋市が２０１９年３月に原告芸術祭実行委員会に負担金額を通知した決定通知書には、「事情の変更により特別の必要が生じたとき」は、負担金の全部または一部を取り消すことができると記してあった。被告名古屋市および名古屋市長は、「本件不自由展の内容が『あいちトリエンナーレ２０１９』

の性格に照らして著しく不適切であり、また、本件不自由展の運営についても手続き上の問題があることから、『事情の変更により特別の必要が生じたとき』に当たり、負担金を減額変更することができる」と主張した。これにあたる具体的な事情として、被告らは、①展示作品の一部がハラスメントというべきものであること、②政治的中立性を欠くこと、③原告芸術祭実行委員会が報告義務に違反したこと、④原告が運営会議を開催しなかったことを挙げた。裁判所は、それぞれについて以下のとおり判示した。

①ハラスメントについて

被告らは、「作品1、2、3は、多くの鑑賞者に不快感や嫌悪感を催させるハラスメントというべきもので、公共事業というべき『あいちトリエンナーレ2019』においてこれらの展示を公金で援助することは、県民感情に反し許されない」と主張した。

裁判所は、「この芸術祭は公共事業ではないが、公的な側面を有するイベントであることは否定できない」としたうえで、「住民は多様な価値観を持ちながら共存している以上、多様な解釈が可能な芸術活動に対して反対意見が存在することは避けられないので、鑑賞者に不快感や嫌悪感を生じさせるという理由で、ハラスメントなどとして芸術活動を違法であると軽々しく断言できるものではない」と述べた。そして、「作品1、2、3は、軽犯罪法にも公安・衛生法規にも違反しないので、被告の主張は理由がない」と判示した。

②政治的中立性について

被告らは、「本件不自由展は政治的に一方の立場に偏向した展示をしているので、負担金を交付すれば、被告がその政治的主張を後押ししているかのような印象を与え、地方公共団体としての政治的中立性や公金使用のあるべき姿に反する」と主張した。

裁判所はこれに対し、「負担金は、本件不自由展や個々の作家にではなく、『あいちトリエンナーレ2019』の主催者である原告に交付され、また、この芸術祭においてどのような企画展を開催し、どのような作品を展示するかは、芸術監督が自律的に決定し、被告の当不当の判断に基づいて決められるのではないから、負担金の交付と展示の内容は結び付かない」と述べた。しかも、「本件不自由展の予算は、総事業費の0・3パーセント、展示面積は全体の0・83パーセントに過ぎないので、『あいちトリエンナーレ2019』への負担金の交付が本件不自由展に出品された作品の政治的主張を後押ししているとのメッセージを発信していることにはならない」として、被告らの主張を斥けた。

③報告義務違反について

被告らは、「ハラスメントというべき作品、政治的中立を害する内容の展示を行うこと、およびこれによって危機管理上の非常事態が生ずる可能性があることを被告に報告しなかった点は、報告義務違反であり正義に反する」と主張した。

裁判所は、「原告は、本件不自由展の展示内容等について被告に報告する法的義務を負っていないし、作品1、2、3の展示により危機管理上の非常事態が発生することをあらかじめ予測可能であったとはいえないので、原告に報告義務違反はない」と判示した。

④運営会議の不開催

被告らは、本件不自由展の中止、再開等に関して、運営会議を開催して議論を行わなかった点を問題として主張した。

裁判所は、芸術祭実行委員会規約に「緊急を要するときは会長が専決処分することができる」との定めがあることを根拠に、「本件は、展示の中止、再開はいずれも運営会議で議論をする余裕のない状況で原告会長である県知事が決定したので、法的にみて不当とはいえず、負担金を減額するうえで必要な事情の変更に当たらない」と述べた。

結論

裁判所は、「以上のとおり、被告が主張する事由はどれも事情の変更として重視できない」としたうえ、「被告が支払いを拒んでいる金額は、被告の負担金全額の五分の一を占め、減額変更をした場合に原告に生ずる不利益は小さくないので、『事情の変更による特別の必要性』は認められない」と判示した。

そして、2022年5月、被告に対し、原告の請求する負担金の残額およびこれに対する遅延損害金の支払いを命じた。

## ■事件の評価

## 憲法解釈を回避する日本の裁判所

この事件では、先に紹介した【事件15】（ブルックリン美術館対ニューヨーク市事件）と同様、公的機関が、展覧会で展示された作品に問題があることを理由に、展覧会の主催者に対して、補助金の停止、減額その他の不利益処分をすることが許されるのかどうかが争われた。しかし、【事件15】では、合衆国連邦地方裁判所においてニューヨーク市の行為が憲法上の表現の自由を侵害するかどうかが正面から争われたのに対し、本件は、名古屋市の負担金支給額の減額決定が表現の自由を侵害するかどうかについて、名古屋地方裁判所は一切判断していない。本事件の原告は愛知県知事を代表とする団体であり、実質的には公的機関同士の間での紛争だったため、市民対国家の争いで問題となる憲法違反の争点をあえて持ち出さなかったのではないかと思われる。しかし、一般論として、日本の裁判所は、公権力の行使を問題とする事件の場合でも、憲法違反かどうかに関する判断を避けようとする傾向がある。

本事件の判決は、憲法違反が明示的に判断されなかったことにより、今後の同種事件に対する影響力という点において、その適用できる場面がかなり限定されてしまった。アメリカでは、【事件15】の判決が出たことにより、公的機関は、展覧会やその展示作品の変更や取止めを求めている状況下で補助金の停止や施設明渡しなどの処分をするときは、表現の自由の侵害にあたるリスクを常に考慮しなければならなくなった。しかし、本件では、名古屋市が負担金交付の決定通知書に記載した「事情の変更により特別の必要が生じたとき」にあたるかどうかという問題だけが争われたため、決定通知書にそのような記載がなかった場合、すなわち、「事情の変更があったかどうかにかかわらず、必要と判断したとき」に負担金を取り消すことができると記載していた場合は、これとは異なる判断が下される可能性が残されてしまった。もちろん、日本の憲法の解釈上は、そのような記載をしたとしても、作品の展示を禁ずる目的で不利益な扱いをする行為は、表現の自由を侵害する行為にあたり許されないはずであるが、本判決はこのことを正面から述べていない。

本判決に対し、名古屋市は名古屋高等裁判所に控訴したが、高裁も全額の支払いを命じた第一審を支持し、控訴を棄却している。名古屋市は上告をしているので、今後は最高裁がどのような判決を下すのかを注視する必要がある。

## ■大浦信行と「遠近を抱えて」

大浦信行（1949年－）は、富山県出身の美術家で映画監督である。彼は1976年から1986年にかけてアメリカに滞在し、ニューヨークを拠点に活動する美術家荒川修作の助手などをしていた。大浦氏の言によれば、この間に日本人としてのアイデンティティを天皇の肖像の中に見出し、天皇の写真を用いたコラージュ作品の制作をするヒントになったとのことである。

1986年、富山県立近代美術館が「'86富山の美術」という富山県ゆかりの美術家にフューチャーした企画展を開催した。大浦氏は、近代美術館の依頼により、この展覧会に「遠近を抱えて」と題する10点連作のコラージュ版画を出品した。ダ・ヴィンチや尾形光琳の作品の断片、女性ヌード写真、曼荼羅、風景写真などと昭和天皇の肖像写真とを組み合わせた作品である。展覧会は成功裏に終わり、近代美術館は大浦作品のうちの4点を購入した。また、大浦氏は、美術館の要望により、残りの6点を寄贈した。しかし、展覧会の2か月後、富山県議会において一部の議員が「大浦作品には不快感を覚える」と批判し、そのことが新聞に報道されてから、美術館に多くの右翼団体からの抗議の電話や手紙や面会要求が殺到する。このため、美術館は、大浦作品は非公開とするとの決定をしたうえ、彼の作品の観覧申請があったときもこれを拒否し、さらに6点の寄贈作品を大浦氏に返却した。しかし、その後も、大浦作品に反発する右翼の行動は収まらず、１９９２年、右翼が富山県知事室に侵入し、知事に殴りかかるという事件も起きた。

１９９３年、富山県教育委員会は、「美術館の管理運営上の障害となること」を理由に、大浦作品４点とこれらの作品を掲載した展覧会図録を処分することを決定した。作品は匿名の個人に売却され、図録４７０冊は焼き捨てられた。

大浦氏は彼の作品を支持する市民とともに、富山県および県教育委員会に対し、作品の買戻し、図録の再発行、損害賠償などを求めて、富山地方裁判所に訴訟を提起した。第一審では一部の請求が認められたが、控訴審である名古屋高等裁判所は、「美術館および県教育委員会の決定は、美術館の管理運営上必要な措置であり、正当な理由がある」として、大浦氏らの請求をすべて棄却した。[†5] これが「遠近を抱えて（昭和天皇コラージュ）」事件である。

大浦氏は、２０１９年の本件不自由展に「遠近を抱えて」の出品依頼を受けた際に、新たな映像作品として、作品2「遠近を抱えてPart II」の出品を申し出た。約20分の映像の内のほとんどは従軍看護婦を描いたものだが、その中に「遠近を抱えて」の昭和天皇の肖像がバーナーで燃やされている映像、その灰が踏みつけられている映像を差し挟んだ。この部分が不謹慎として論議を呼び、「遠近を抱えてPart II」は、本件不自由展の中でも最も多くの抗議を集めた作品の一つとなった。たしかに、天皇の肖像が燃やされる映像と聞くと穏やかではない。しかし、この「遠近を抱えて（昭和天皇コラージュ）」事件を知ったうえであれば、アーティストの意図は理解できる。大浦氏本人は何も語ってはいないが、差し込まれた映像は、富山県立近代美術館により「遠近を抱えて」を掲載したカタログが焼却されたこと、作品が踏みにじられたことに対する抗議と問題提起であろう。そのような意図であったとすれば、アーティストのメッセージを鑑賞者に印象づけるための芸術的手段として、作品2は、たとえば、かつてのダミアン・ハースト、クリス・オフィリらの作品やピカソの「ゲルニカ」と比べ、格別に過激であるとはいえない。そして、作品2を通じて達成しようとした大浦氏の目論見は、結果において大成功だったことになる。本件不自由展をめぐる騒動は、風化しつつあった「遠近を抱えて」事件を思い出させただけではなく、国際社会を巻き込んだより大きな波紋を生んでいるからである。

「遠近を抱えて」は、現在、日本の美術館ではなくアメリカのイェール大学美術館が所蔵している。他方の映像作品「遠近を抱えてPart II」を観るには、いまのところ、時折あちこちで開催される上映会を探し出すほかない。

事件17

# 赤瀬川原平「模型千円札」は芸術か、犯罪か?

通貨および証券模造取締法違反(千円札裁判)被告事件【日本】

## ■事件の経緯

### 前衛美術家赤瀬川原平による「千円札」の制作

赤瀬川原平は、日用品等を素材にしたアート作品を制作する前衛美術家である。彼は、1963年1月、日常生活の中で最もよく使われる千円札を利用して、翌2月に開催する彼の個展「あいまいな海について」の案内状を作成することにし、印刷会社に、当時の千円札の表(聖徳太子の肖像がある側)だけを一色で印刷することを依頼した。しかし、印刷会社は「印刷まではできない」として印刷用の原版だけ制作した。そこで、別の印刷所にこの原版を渡して、表に千円札を緑色一色で印刷し、裏面に個展の案内文を印刷することを頼み、二枚続きに一色刷りした印刷物150枚を作らせた。赤瀬川はこれを裁断し、片面に千円札が印刷された案内状300枚を完成させたうえ、現金書留で知人や関係者に送付した。

1963年3月、赤瀬川は、別の印刷所に原版と紙を渡し、今度は片面だけに一色刷り三枚続きの千円札の表300枚の印刷を依頼し、これを裁断して900枚の片面だけの模造千円札を作った。彼は、これらをパネルに貼り付けたり、帯状に繋げたりして作品を制作し、5月に開催したハイレッド・センターによるグループ展覧会「第五次ミキサー計画」に出品した。「ハイレッド・センター」は、赤瀬川が高松次郎、中西夏之と共同で行っていた前衛芸術活動で、名前の由来は三人の苗字の頭文字（高＝ハイ、赤＝レッド、中＝センター）である。

1963年5月、赤瀬川は、同じ印刷所に三枚続きのもの300枚の印刷を再度依頼したが、これらは裁断せずに扇風機などを梱包するオブジェの作成などに利用した。

同じ5月、彼はもう一度三枚続きのもの300枚の印刷を依頼した。このときは裁断し、彼がテレビ番組に出演したときにパフォーマンスとして燃やしたり、9月に画廊でハイレッド・センターのパフォーマンスに利用したりした。

## 偽札づくりの疑い

1963年8月、左翼活動家の平岡正明と宮原安春が刊行した書籍『赤い風船あるいは牝狼の夜』がわいせつ文書の疑いで警察に押収された。この著書の中に掲載されていた、赤瀬川の作品「千円札の聖徳太子の拡大図」が警察の目に留まった。当時、史上最高の芸術的ニセ札といわれた「チ－37号事件」が世間を賑わせ、警視庁は犯人捜しに奔走していたからである。さらに、宮原の家宅捜索をすると千円札が裏面に印刷された個展案内状が見つかった。警視庁は、「チ－37号事件」との関連を疑い、１９６４年1月に赤瀬川を取り調べたが、すぐに無関係と判明した。ところが、取調べの翌日の朝日新聞朝刊の社会面に「画家が旧千円札を模造」、「チ－37号との関連を追及」などの見出しの記事が出たため、警視庁と検察は赤瀬川の「千円札」を放置できなくなって捜査を継続し、１９６５年11月、通貨および証券模造取締法違反の容疑で彼を東京地方裁判所に起訴することにした。

## ■裁判†6

### 弁護側の言い分「千円札の模型の制作は芸術であって犯罪ではない」

赤瀬川の弁護人には、多くの公安事件で無罪判決を勝ち取ってきた著名な弁護士が付き、赤瀬川の無罪を主張した。その主たる言い分は次のとおりである。

「通貨および証券模造取締法」は、「通貨と紛らわしい外観を有するもの」、つまり貨幣や銀行紙幣と誤認されるおそれがある模造品を作る行為を処罰する法律である。しかし、「紛らわしい外観を有するもの」の文言は漠然としていて不明確である。被告人赤瀬川による「千円札」の製造は、いわゆるハプニングを含んだ芸術的表現行為、または芸術作品を創作するための素材を作る行為であるから、憲法21

条が保障する「表現の自由」による保護を受ける。したがって、そのようなあいまいな文言の法律によって処罰するのは、芸術的表現の自由、さらにはこれを一般国民が芸術を鑑賞する自由を侵害するので許されない。

この主張の論法は、「赤瀬川による『千円札』の製造は芸術のためである。芸術上の表現の自由は憲法によって保護されている。したがって、何が犯罪行為なのかが不明瞭な法律によって処罰するのは許されず無罪である。」ということなので、「赤瀬川の行為が芸術であること」を裁判所に理解してもらわなければ成り立たない。しかし、1960年代の日本において、赤瀬川らの前衛芸術運動は、世間ではほとんど理解されていなかった。そこで弁護側は、裁判所を説得するために専門家の助けが必要と判断し、瀧口修造、中原祐介、針生一郎という三人の著名な美術評論家に特別弁護人になってもらった。「特別弁護人」とは、裁判所の許可を得たうえで弁護士ではない学識経験者などが弁護人となることを認める制度である。

## 「千円札の模型」の制作が芸術活動であることの証明

裁判では、特別弁護人である瀧口らが裁判所に日本の戦後美術の状況について説明し、赤瀬川の「千円札の模型」がなぜ芸術なのかを説いた。

また、赤瀬川が属しているハイレッド・センターの芸術活動を理解してもらうため、高松次郎、中西夏之が証言台に立ち、彼らの作品を証拠として提出した。高松の当時の作品「紐」シリーズは、長い紐をいろいろなものに絡ませて初めて作品となるので、法廷内の柵や椅子や傍聴人などに紐を絡ませた状態を作り出して裁判官に示した。中西の「洗濯バサミは攪拌行為を主張する」という作品の場合は、法廷に大量の洗濯バサミを持ち込んで、中西の助手の青年の顔やシャツなどを挟んでいくというパフォーマンスにより提出された。赤瀬川の作品「復讐の形態学（殺す前に相手をよく見る）」（千円札をルーペでよく見て畳一畳分の大きさに拡大模写したもの）や「風」（首振り扇風機を千円札のシートで梱包したもの）なども証拠として提出され、法廷は美術館の展示室のような状態になった。その他の証拠として、刀根康尚、篠原有司男、福沢一郎その他多くの美術家、ジャーナリスト、美術評論家が赤瀬川を弁護する証言をした。

検察側はこれに対してほとんど反論をせず、最後の論告の際に、「被告人の行為が芸術活動だったとしても、情状酌量の事由としてはともかく犯罪の成否に関係がない」とだけ述べた。

## 一枚ずつに切り離していない千円札の印刷は無罪となる？

検察が犯罪にあたる事実として起訴したのは、①1963年1月に二枚続きの千円札の表（裏は個展の案内文）150枚を印刷し、これを裁断して300枚の模造千円札を製造した行為、②1963年3月に三枚続きの千円札の表（裏は白紙）300枚を印刷し、これを裁断して900枚の模造千円札を製造した行為、③1963年5月に三枚続きの千円札の表（裏は白紙）300枚を印刷した行為、④同じ月に三枚続きの千円札の表（裏は白紙）300枚を印刷し、これを裁断して900枚の模造千円札を製造した行為の四つだった。このうちの③については、赤瀬川は三枚続きのものを裁断せずに梱包作品などの素材として利用していた。裁判所はこの点を捉え、③の行為については無罪と判示した。「通貨と紛らわしい外観を有するもの」というには、一枚ずつ個別に裁断されたものであることが必要ということだ。

しかし、①、②、④の行為は、法律が禁ずる模造品にあたると判示された。弁護側は、「赤瀬川は千円札の表の側を一色刷りで製造しただけであり、銀行紙幣として使うことが不可能なのだから犯罪行為には当たらない」と主張したが、裁判所は、「これらは真正の千円札とまったく同じサイズ、図柄で相当精巧なものであり、色調も本物に似ているので、用い方によっては詐欺などの手段に利用される危険性がある」とし、「通貨と紛らわしい外観を有するもの」にあたると判断した。

## 裁判所は「芸術行為かどうかは犯罪の成立に影響しない」と判断

弁護側の主たる言い分は、「赤瀬川による模造千円札の製造は芸術行為なので犯罪ではない」ということだった。これについて、東京地方裁判所はまず、「戦後日本に抽象美術の潮流があり、赤瀬川がその潮流の中で活動する芸術家である」と認定し、「被告人の模造千円札の製造行為は芸術行為であり、憲法が保障する表現の自由の対象である」という点は認めた。しかし、表現の自由は無制限ではなく、公共の利益を侵害する表現行為は制限を受ける。裁判所は、「被告人による模造千円札は、その行使の場所、態様などによっては真正の通貨と誤認されるおそれがあって通貨に対する社会の信用を害する危険性がある」と述べ、「被告人の行為は芸術活動であったにしても、この危険性を無視してまで表現の自由を保護すべき程度に達していないので、許されない」と判示した。
弁護側はこれに納得せず東京高等裁判所に控訴した。しかし、控訴審はさらに厳しく、「被告人赤瀬川の行為は憲法21条の保障する表現の自由の保護に値しない」と断じ、最高裁判所もこの見解を支持した。

結論
1970年4月、最高裁判所は弁護側の上告を棄却し、通貨および証券模造取締法違反により「被告人赤瀬川を懲役3月に処する。この裁判確定の日から1年間、刑の執行を猶予する」との有罪判決が確定した。彼の依頼により千円札の印刷を行った二つの印刷所の経営者も、共犯としてそれぞれ懲役1か月（執行猶予1年）の有罪判決を受けた。

## ■事件の評価とその後

赤瀬川の行為が芸術かどうかは関係がなかった
通貨および証券模造取締法は、「通貨と紛らわしい外観のもの」を製造する行為を処罰の対象としている。刑法上の「通貨偽造罪」（刑法148条）は通貨を流通させる目的で偽造する行為を処罰するが、通貨偽造に至らない程度であっても紛らわしいものは詐欺等に利用される危険があるので、目的のいかんにかかわらず模造品の製造を禁ずる趣旨である。この事件の裁判所は、この法律に関して二つの判断をした。一つは、紙幣の模造品の印刷を数枚続きで行った場合、これを切り離して一枚ずつの紙幣にするまでは「紛らわしい外観のもの」にあたらないこと、もう一つは、紙幣の片側の面だけしか模造していない場合であっても精巧に作られていれば「まぎらわしい外観のもの」にあたるという点である。

弁護側は、「赤瀬川の行為は芸術活動であって憲法が定める表現の自由による保護を受ける」と主張したが、裁判所は、「芸術活動であっても犯罪は成立する」と述べて憲法違反の主張を斥けた。多くの芸術家の協力を得ながら弁護側が長期にわたり尽力した訴訟活動は、裁判所の判断にほとんど影響を与えなかった。

## 前衛美術家赤瀬川原平のその後

赤瀬川原平は、6年にわたる千円札裁判の記録やこの間における彼のエッセイなどを『オブジェを持った無産者』という書籍にまとめて刊行した。これにより、彼の独特で面白い視点や文章の魅力が世に知れ渡る。彼も自分の文才を自覚し、1970年代以降、文筆活動に力を入れて多くのエッセイや評論を世に出した。さらには「尾辻克彦」のペンネームで純文学小説も執筆し、1981年には短編『父が消えた』で芥川賞を受賞、1998年の『老人力』というエッセイ集は、ベストセラーになっている。現在、赤瀬川原平の名は、前衛美術家よりも文筆家として広く知られている。

## ■ハイレッド・センターとその活動

赤瀬川原平は、1962年頃、彼が毎年出品していた読売アンデパンダン展を通じて高松次郎、中西夏之と知り合った。「読売アンデパンダン展」は、読売新聞社の主催で発足した年次展覧会で、誰でも無審査無償で出品できたので、官製美術展が受け入れない前衛的な若手アーティストの多くが出品していた。意気投合した三人は、共同で活動を行うために「ハイレッド・センター」を結成し、1963年5月に新宿の第一画廊で「第五次ミキサー計画」という展覧会を行った。これには、この事件の裁判で証拠提出された高松の「紐」、中西の「洗濯バサミ」、赤瀬川の「千円札」が展示された。その後のイベントには、和泉達、川仁宏、谷川晃一や音楽家の刀根康尚、小杉武久など様々なアーティストが参加している。

ハイレッド・センターの理念と活動は、「反芸術」という語に集約される。「反芸術」とは、美術館、美術団体、美術展、美術教育などの制度を通じて権威化、硬直化した伝統的な芸術を否定し、新しい表現や様式を生み出そうとする考え方や運動の総称で、日本では、1960年代に読売アンデパンダン展に出品していた若手アーティストが生み出した無秩序で反社会的な思想や活動を指す。反芸術のアーティストは、伝統的な美とは無関係な日用品や廃棄物などを素材とする作品を制作し、また形として残る作品よりもその場かぎりのパフォーマンスやハプニングを重視する。ハイレッド・センターが1964年1月に行った「シェルター計画」は、帝国ホテルの一室に招待状を持った客を集め、特注シェルターを予約するためと称し、前後左右から写真を撮って身体の寸法を計測するというイベントで、オノ・ヨーコやナム・ジュン・パイク、横尾忠則らも観客として招待された。その年の10月10日の「ドロッピング・イベント」は、お茶の水の池坊会館の屋上から衣類、カバンなど様々なものを投げ落とすというイベント、同じ月の16日には、グループとしての最後の活動「首都圏清掃整理促進運動」を行った。銀座の街頭にメンバー全員が白衣に白マスクで集まり、路上のマンホール、アスファルトなどを雑巾掛けにより磨き上げるというイベントだった。当時の東京は、オリンピックに向けて国家ぐるみの美化政策が推進されていたので、あえてこの「国家政策」の違和感を増幅させて見せようとする試みである。

さて、お気づきの方もいるだろうが、この事件の裁判における「赤瀬川の行為は芸術なので無罪である」という弁護側の主張は、「反芸術」の理念とは矛盾する部分がある。実は、赤瀬川自身そのことを承知のうえで、法廷戦術として自己の活動を「芸術」と主張することにしていた。しかし、美術関係者の中には、反権力、反体制を信条とするアーティストが国家権力の枠内の制度による保護を受けようとする弁護側の訴訟方針に疑念を持つ者も少なくなかった。実際上、本件の裁判所は「赤瀬川の行為が芸術かどうかにかかわらず犯罪である」と判示したので、この方針に従った弁護活動はほぼ徒労に終わった。

しかし、この裁判を「法廷を舞台にしたアート・パフォーマンス」として捉えた場合、その評価は全く異なる。それまでは社会からアートとみなされていなかったハイレッド・センターの活動は、この千円札裁判により、日本美術史において「戦後日本の前衛美術を代表する芸術運動」と位置づけられるようになったからだ。

赤瀬川の「模型千円札」は、東京国立近代美術館が所蔵している。また、東京都現代美術館には彼の作品「風」と中西夏之の「洗濯バサミは撹拌行動を主張する」がある。これらの美術館はハイレッド・センターの他の作品も収蔵している。

## バンクシーの失敗？

●2022年11月、バンクシーの新作が戦禍のウクライナの首都キーウ郊外の町ボロジャンカで見つかった。作品は、逆立ちする体操選手の絵で、砲撃を受けて破壊された建物の壁に描かれている。ボロジャンカは、ロシア軍侵攻開始直後に砲撃されて最も大きな被害を受けた町だ。彼の作品らしき壁画は他にも数か所あり、その一つはプーチン大統領に似せた柔道家を子供が投げ飛ばす絵である。このニュースは、世界各国で報道された。

●バンクシーは、イギリス西部の町ブリストル出身の正体不明のストリートアーティストで、世界各地の壁にスプレイでゲリラ的にメッセージ性の強い作品を残している。代表的な作品の一つとして、ヨルダン川西岸地区のベツレヘムの分離壁に残した「フラワースロアー」がある。イスラエルの軍事的支配に抵抗するパレスチナの若者が紛争地域に投げ込もうとしている手りゅう弾を花束に置き換えた壁画である。2020年には、コロナ禍と戦う医療従事者をテーマにした「ゲームチェンジャー」を作成してイギリスのサウサンプトン病院に寄贈した。アメリカン・コミック・ヒーローの人形をゴミ箱に捨てて看護師の人形で遊ぶ少年を描いた作品である。この絵は、2021年2月にオークションにおいて約25億円で落札され、収益は病院の運営費に充てられた。

●こうした彼の作品の中で最も有名なものは、2018年10月のサザビーズのオークションに出品されたカンヴァス画である。この絵は、彼が2002年に制作した「風船と少女」という壁画を元にカンヴァスに描いて友人にプレゼントしたものである。オークションにおいて104万2千ポンド（約1億5千万円）で落札された直後、作品はアラーム音とともに勝手に額から滑り落ち始め、その場にいた全員があっけにとられている中、絵画の下半分が自動的に裁断された。バンクシーはオークションにかけられることを見越してあらかじめ額縁の奥にシュレッダー装置を仕掛けていたのだ。落札者は切り裂かれた作品をそのまま購入し、作品名は「愛はゴミ箱の中に」《口絵04》に変更された。この模様は各国のニュースで報道され、サザビーズは「美術史上、ライブオークション中に完成した初の作品」との声明を発表している。この絵は3年後に再競売にかけられ、1858万ポンド（約29億円）で転売された。

●しかし、最初のオークション後にバンクシーが自身のインスタグラムで公表したところによれば、彼はこのような形で作品を残す予定ではなく、シュレッダーによってこれを完全に消滅させるつもりだったようだ。彼が残したリハーサルのビデオでは、たしかに絵画の最後まで裁断されている。アート作品を「錬金術」の道具として扱う美術品取引市場に「ノー」を突き付けようとして仕組んだ仕掛けは、装置の誤作動により、真逆の結果を生んでしまったことになり、彼としては、目論見が大失敗に終わったと感じていることだろう。

●もっとも、この事件は、ゲリラアーティスト・バンクシーの名を世界に広く知らしめた点においては大成功だったともいえる。バンクシー作品が社会に訴えるメッセージの影響力は、この事件の後に格段に高まっている。

# V

# アート・文化財・環境の保全

アートや文化財を保護・保全しようとするとき、これによって犠牲となる他の便益や権利の保護とどのようにバランスをとるべきかという問題に直面することが多い。秤の反対側に乗るものは、「予算の限界」、「公共施設・公共機関等の必要性」、「他の娯楽や社会教育の促進」など様々である。いずれにせよ、両者のうちのどちらを優先すべきかに関する考え方の違いは、しばしば紛争の原因となる。

【事件18】はアート作品の制作と環境保全の関係が問題となったアメリカの事件、【事件19】は文化遺産保全と道路整備の必要性の利害衝突をめぐるイギリスの事件、【事件20】は、文化的建造物の保護と教育施設新設の必要性の対立をめぐる日本の事件である。

これらの事件により、アートや文化財の保護・保全における市民の役割に関する英米と日本の姿勢の違いについても目を留めてほしい。

事件18

# クリストとジャンヌ・クロード「オーバー・ザ・リバー」は環境破壊なのか？

ラグズ・オーバー・ザ・アーカンザス川・インク対国土管理局事件［アメリカ］

## ■事件の経緯

「オーバー・ザ・リバー」プロジェクト構想

環境アーティストであるクリストとジャンヌ・クロード夫妻は、1992年にオーバー・ザ・リバー・プロジェクトを思いついた。アメリカのコロラド州中南部のカノンシティとサリダを結ぶアーカンザス川の67・6キロメートルの区間に、銀色に光る布パネルを一時的に被せるというインスタレーションの構想である。彼らは、綿密な調査と検討を経て候補地を選んだ。この対象となる160エーカーの土地の持ち主は連邦政府なので、このプロジェクトの実施にはアメリカ合衆国連邦政府国土管理局の許可を要する。1996年、クリストとジャンヌは、このプロジェクトについて国土管理局に協議を申し入れたが、当時は、環境保全その他の多くの問題があったため、計画は棚上げとなった。しかし、クリストとジャンヌを中心とするチームは、その後も国土管理局と連絡を取りながら、環境調査、地元民へのアンケートや協議などを行った。

### 国土管理局への許可申請

２００５年、クリストとジャンヌとそのチームは、プロジェクト実施のために設立したオーバー・ザ・リバー社を通じて、国土管理局およびコロラド州立公園にプロジェクトの再開を申し入れた。さらなる協議を経て最終的に確定した構想は、アーカンザス川の42マイルに渡る川岸に8～25フィートの高さで固定された5・9マイルのスチールケーブルを張りめぐらして、その上に銀色に輝く布製のパネルを水面を覆うように吊るすというものである。工期としては、まず28か月かけて川岸にケーブルを固定し、その後2週間パネルを吊るした状態にし、その後3か月でこれらを撤収する計画だった。オーバー・ザ・リバー社は、国土管理局に正式の許可申請を行った。

### 国土管理局の許可の取得

２００６年、国土管理局は、法令に基づく環境影響調査を行い、２０１０年、その調査結果報告書のドラフトを公開してパブリックコメントを求めた。そして、これに対する3万5千件を超えるコメントを検討のうえ、２０１１年、最終報告書を確定した。

２０１１年11月、国土管理局は、「決定記録」を発行し、一定の条件を付してこのプロジェクトの実施を承認した。この条件には、①ビッグホーン・シープの繁殖期および渡り鳥の巣ごもり期には作業を行わないこと、②一定の期間は車線を閉鎖すること、③プロジェクト終了後の原状復帰を確約し、そのための保証金を預託することなどが含まれている。「ビッグホーン・シープ（オオツノヒツジ）」は、アメリカ西部やカナダ南西部の山岳地帯に生息する大型のウシ科の動物で、その大きな角を目的に乱獲されたためアメリカ政府により絶滅危惧種に指定されていた。

クリストらは、この決定により、プロジェクトの実現に必要なすべての連邦政府、州、地域の許可を取得した。

２０１２年、プロジェクトに反対する地元の市民を中心とするグループは、共同で反対運動を展開するためにラグズ・オーバー・ザ・アーカンザス川・インク（原告法人）を設立し、これを通じて国土管理局の許可決定に対する不服申立てを米国内務省に対して行ったが、２０１３年６月、内務省は、この許可決定を支持することを決定した。

そこで、原告法人は、国土管理局および内務省（被告ら）に対して、この許可決定は法令に違反していると主張し、コロラド地区の連邦地方裁判所に行政訴訟を提起した。「行政訴訟」は、市民が政府や地方自治体の決定や処分が法律に従っているかどうかを争い、裁判所にその取消しや変更を求める訴訟である。

## ■裁判

### 「オーバー・ザ・リバー」は国家環境保全法に違反するのか？

国家環境保全法は、「連邦政府機関は、その行為や決定が環境に重大な影響を及ぼすおそれがあるかどうかを調査・検討のうえ、環境問題に配慮して政策決定をし、またその調査・検討の結果を国民に伝えなければならない」と定めている。

原告法人は、「被告国土管理局は、オーバー・ザ・リバー・プロジェクトの対象となる地域におけるビッグホーン・シープへの影響の調査にあたり、十分な調査資料が存在しないことを知りながらその綿密な調査を怠った点がこの法律違反である」と主張した。

しかし、裁判所は、「このプロジェクトのように先例のない事例について調査資料が存在しないのは当然であり、被告国土管理局は、コロラド野生動物課に相談するなど、可能な範囲内の調査に努めたので、法律違反はなかった」と判示した。

また、原告法人は、「被告国土管理局は、プロジェクト主宰者であるオーバー・ザ・リバー社が直前にビジターセンターの設置を取りやめた事実が交通量に与える影響について追加の調査をしなかった点が国家環境保全法違反である」と主張したが、裁判所は、「ビジターセンターの取りやめが交通量に関してプラスの影響を与えることは明らかなので調査の必要はなかった」として斥けた。

## 「オーバー・ザ・リバー」は連邦土地管理政策法に違反するのか？

アメリカの連邦土地管理政策法は、国土管理局に対して、公共用地の活用は、その持続可能性とのバランスを考慮して行うことを義務づけている。

原告法人は、「被告国土管理局は、ビッグホーン・シープが長期的に減少傾向にあることを知りながらこれを防ぐ対策をとっていないので、この法律に違反する」と主張した。しかし、裁判所は、「プロジェクトのビッグホーン・シープへの影響は予想できないことから、被告国土管理局は、コロラド野生生物課が策定し管理する監視・予防策の実施を計画し、かつオーバー・ザ・リバー社に対して保証金の預入れを求めているのだから、ビッグホーン・シープへの影響に対して十分な対策をとっている」と判示した。

原告法人はさらに、「このプロジェクトは、少なくとも河岸工事の開始から撤収までの期間中は景観に重大な変化をもたらすので許されない」と主張したが、裁判所は、「長期的には景観に変更が生じないように対策を講じているので問題はない」と判示した。

### 結論

以上の理由により、2015年1月、連邦地方裁判所は、「本件のような行政訴訟において行政機関の処分を取り消すには、行政機関の処分が裁量の範囲を逸脱していることを立証する必要があるが、原告法人は、裁量権逸脱の事実を証するに足る十分な証拠を提示していない」とし、原告法人の請求を棄却した。

原告法人は、これを不服とし、連邦控訴裁判所に上訴した。

## ■事件のその後

### 環境に関して行政や住民と話し合うことこそ環境アート

本件が連邦控訴裁判所にかかっていた2017年、クリスト・クロードは、「オーバー・ザ・リバー・プロジェクトを取りやめて他のプロジェクトに専念することにする」と発表した。その理由は本訴訟とは関係がなく、「ドナルド・トランプが合衆国大統領に就任したから」ということだった。このプロジェクトを実施することは、アメリカ合衆国連邦が所有する土地が有効に活用されて収益を生むこと、すなわち、彼が支持していないトランプ大統領を利することになるので、「もはや進めたくはない」ということだ。

しかし、プロジェクトの取止めは、彼にとってはこれが失敗したということではない。クリストとジャンヌ・クロードの環境芸術作品は、プロジェクトの結果として設置された後2週間程度しか存在しない作品だけではなく、これを実現するためのプロセスすべてを含んでいる。そのため、彼らのチームは、全プロセスにおいて写真家やビデオカメラマンが同行し、経過を記録している。プロジェクトの提案を通じて、行政や地域住民とアーカンザス川周辺の環境問題を話し合うことこそ、彼らの環境アートの最も重要な要素である。クリストにとって、このプロジェクトに関しては、最後にその取止めを宣言して彼の政治的メッセージを伝えたことにより、作品は完成したのだろう。

## ■クリストとジャンヌ・クロードとその作品

クリスト・クロード（１９３３年‐２０２０年）は、１９５８年、空き缶その他の日用品を梱包することから芸術活動を開始した。その後、梱包はその規模を巨大化させ、オーストラリアの高さ約15メートル、長さ2キロメートルに及ぶ海岸を丸ごと梱包した「海岸の梱包」（１９６９年）、コロラド州にあるロッキー山脈の幅４００メートルもある谷に巨大なカーテンを吊るした「ヴァレー・カーテン」（１９７０年‐１９７２年）、セーヌ川にかかる橋、ポンヌフを完全梱包した「梱包されたポンヌフ」（１９８５年）、統一ドイツの議事堂を梱包した「梱包されたライヒスターク（帝国議事堂）」（１９９５年）などが知られる。それぞれのプロジェクトにかかる巨額の費用は、美術館や政府や企業などから一切の援助を受けることなく、プロジェクトの完成を予想したドローイングやコラージュ作品など、クリストの手によるオリジナル・アート作品を妻のジャンヌ・クロード（１９３３年‐２００９年）が販売して賄ってきた。また、プロジェクトは毎回、その梱包や作品設置の舞台となる場所の住民や自治体・政府官僚などとの交渉が必要だが、これらもジャンヌが中心となって行っていた。彼らの作品には、これらの制作過程のすべてが含まれているので、作品の制作者は夫婦の連名である。

クリストとジャンヌの死後、2021年9月18日から2週間、クリストのチームによってパリの凱旋門が梱包された。クリストとジャンヌ・クロードの最後の作品「梱包された凱旋門」である。クリストとジャンヌは、1961年からこのプロジェクトに着手し、2020年にようやく実現する運びとなったが、コロナ禍により1年延期となったため、クリストの存命中には間に合わなかった。ちなみに、2022年6月から2023年2月までにかけて、このプロジェクトのプロセスを展示した企画展が六本木ミッドタウンで開催されていた。

事件19

# 「ストーンヘンジと関連遺跡群」を横切る車道を地下トンネル化できるか？

ストーンヘンジ世界遺産保護法人対運輸大臣事件［イギリス］

## ■事件の経緯

世界有形文化遺産「ストーンヘンジ」

ストーンヘンジとは、ロンドンから西に約２００キロメートルの地点にある円状に並んだ巨石とそれを囲む土塁からなる、世界的に有名なイギリス先史時代の遺跡である。この遺跡を中心とする25平方キロメートル（東京ドーム５５０個相当）の地域に、やはり先史時代に作られた数百を超える巨石群その他の石の建造物やこれらを結ぶ通路跡などがある。これらの地域全体（遺跡群地帯）はイギリスのナショナルトラストが保有するイギリスの国家遺産であり、１９８６年以降はユネスコの世界有形文化遺産に登録されている。

## 幹線道路A303渋滞解消のためのトンネル化計画

この遺跡群地帯のほぼ真ん中を突っ切って、ロンドンとイングランド南西部を結ぶ幹線道路A303が通っている。18世紀の馬車道がハイウエーになったもので、ストーンヘンジから北に180メートル以内の場所を通過するあたりは片側一車線の道路なので、有名な渋滞箇所である。

イギリス道路庁は、1990年代からA303の渋滞解消策を検討し、2002年にストーンヘンジの地下を抜けるトンネル道の建設を提案した。この案は2005年に採用の方針が決まったが、建設費用がかかり過ぎるため保留になった。

2014年、A303の改善策を含む新たな道路計画（本件計画）が立案された。この案は、①遺跡群地帯の西端に、他の道路との合流地点を設けて迂回できるようにすること、②遺跡群地帯の西端から約1キロ入ったところをトンネルの出入口にし、そこまでを片側二車線の道路にすること、③ストーンヘンジの地下に長さ3・3キロのトンネルを掘ること、および④東側のトンネルの出入口から1キロを片側二車線にして、その先に他の道路との合流地点を設けることを内容とする。

この計画は、遺跡群地帯の中に合流地点とトンネルの出入口を設ける部分について多方面から批判された。2017年、ユネスコ世界遺産委員会は、この計画は世界遺産に悪影響を与えるとの懸念を表明し、イギリス政府に対して、トンネルをもっと長くして遺跡群地帯の外側に出入口を設けるようにと申し入れた。

## 「承認を与えるべきでない」という意見

２０１９年、イギリスの高速道路と幹線道路を管理運営する国営企業である道路公社は、運輸省に対し、本件計画の承認を申請した。この計画は国の重要資産の変更を伴うので、法令上、五名の独立した検査人からなる検討委員会による審査と助言を受けなければならない。

２０２０年1月、検討委員会は、「運輸省は本件計画に承認を与えるべきではない」との意見を記載した報告書を提出した。その理由において、「本件計画は、遺跡群地帯の世界遺産価値に重大な悪影響を及ぼし、そのデメリットはこれにより得られる利益をはるかに超えている」と指摘し、「この計画を実行すると過去6千年間続いたストーンヘンジの景観が大幅に変更され、かつ永遠に元には戻せなくなる」と述べた。ただし、検討委員会は、「メリット、デメリットの最終的な評価は運輸大臣に委ねられている」との認識を示した。

## 運輸大臣による計画の承認と反対住民の提訴

運輸大臣は、本件計画のデメリットに関する検討委員会の見解を採用せず、イングランド歴史的建造物・記念物委員会の見解に基づいて、「遺跡群に与える被害はそれほど重大ではない」と判断した。「イングランド歴史的建造物・記念物委員会」は、法律に基づいて設置されたイギリス政府の常設諮問機関であり、２０１４年に計画の検討を始めたころからストーンヘンジに深くかかわってきた。運輸大臣は、２０２０年11月に本件計画を承認することに決定した。

この決定に反対する住民や考古学研究者、非政府組織らは、遺跡群地帯を守るためのストーンヘンジ世界遺産保護法人（原告法人）を組織し、運輸大臣（被告）の決定に対する司法審査を求めて、ロンドンの高等法院に訴訟を提起した。

## ■裁判

裁判所の判断[†2]「運輸大臣の決定プロセスに問題あり」

裁判所は、被告運輸大臣の決定プロセスには以下の二つの点において重大な手続き上の不備があったと認定した。

個別的な遺跡に対する影響の検討を怠ったこと

文化財保護規則上、文化財に対する何らかの措置を決定する権限がある者は、この決定が個々の文化財に与える影響を考慮して決定する必要がある。この点に関し、被告運輸大臣は、検討委員会の報告書に個々の遺跡への影響に関する分析が記載されているので考慮済みであると主張した。しかし、証拠調べの結果、この報告書は運輸大臣本人には提出されておらず、また運輸大臣はこの分析に関する具体的な説明を受けていないことが判明した。裁判所は、「決定権者である運輸大臣は個々の遺跡への影響に関する正しい情報を知らずに決定をした」と認定し、検討不十分と判示した。

同じ目的を達成するために有効な代替手段があるかどうかの検討を怠ったこと

文化財に対する措置を決定する場合は、有効な代替策の有無の検討が不可欠とされている。本件計画の承認申請において、道路公社は、代替案として遺跡群地帯の西側に開削工法（地下を掘り進むのではなく地盤を直接掘削する工法）によるトンネルを設ける方法とトンネルの西側を遺跡群地帯の外に延長する方法とがあり、前者は2億6400万ポンド、後者は5億7800ポンドの追加費用を要することを申請資料に記載していたが、それぞれのメリット、デメリットの具体的な検討まではしていなかった。この申請の当否を審査した検討委員会は、「道路公社の申請において代替案と本件計画との比較検討がなされていない」という問題については特に指摘せず、本件計画自体のメリット、デメリットの分析だけに基づいて「この申請は承認すべきではない」と助言した。これを受け取った被告運輸大臣は、その諮問機関であるイングランド歴史的建造物・記念物委員会の意見を踏まえ、検討委員会の助言は受け入れないことにし、本件計画を承認した。以上の経緯によれば、被告は、代替案との比較検討をまったくしないまま、本件計画の承認決定をしたことになる。裁判所は、この点において被告運輸大臣の決定に重大な不備があると判示した。

結論

2021年7月、裁判所は、以上の理由により、原告は、運輸大臣の決定の取消しを求めることができると判示した。

## ■事件の評価

### 権力者による独断専行を防ぐため、行政訴訟を起こす柔軟なシステムが必要

この事件および先に紹介したアメリカの【事件18】（ラグズ・オーバー・ザ・アーカンザス川・インク対国土管理局事件）は、いずれも、行政機関が行った決定を不満とする市民が、裁判所に対して行政機関の決定が正しく行われたかどうかの審査を求めた行政訴訟である。この訴訟が提起された場合、裁判所は、決定の内容が正しいかどうかではなく、その決定に至るプロセスに法律違反や不公正な点や恣意的な判断がなかったかどうかを審査する。民主制のもとでは、行政権は政府に委任されているが、その決定に際して正しい情報に基づいて誠実な対応をしたかどうかを確認する権利を国民に保障するためのシステムである。

本事件の裁判では、決定権者である大臣に必要な情報が伝わっていなかったこと、代替案の検討が不十分であったことを根拠に、運輸省の決定がくつがえされることになった。行政機関にとって、かなり厳しい判断といえる。

なお、日本にも、英米と同様に行政訴訟手続きの制度があるが、日本の場合、この訴訟の原告になることができるのは、法律に特別な定めがある場合を除き、行政機関による決定の対象となっている者や

これにより実質的な不利益を受ける者だけに限られている。したがって、本事件や【事件18】のように、政府の決定に反対する市民や研究者らが法人を組織して裁判所に司法審査を求めることは、日本では認められていない。日本のように、同じ党による政権が長期に続く国は、権力者による独断専行のリスクは大きいので、もう少し柔軟に市民による行政訴訟を認めるシステムが必要ではないだろうか。

## ■ストーンヘンジの保護

ストーンヘンジは、紀元前3千年頃に建造されてから今日まで、変わらず同じ場所に立ち続けている。この巨石群は、中世以降は私有地に立ち、一部の芸術家、文学者、研究者を除き、あまり関心を持つ者もいなかった。しかし、19世紀後半から徐々に観光客が訪れるようになり、石を削って記念に持ち帰るなどしたため、ストーンヘンジの荒廃が進んだ。20世紀初頭、当時の土地所有者であるアントローバス卿は、遺跡の周囲にフェンスを設置し、歴史上初めて入場料を徴収した。その頃から英国軍は周辺に訓練施設を設置し始め、兵士や装備が流入し、航空機がこの遺跡の近くに墜落することもあった。

１９１３年、遺跡の保護を訴える多くの市民の声に応え、「古代モニュメント統合・修正法」が制定され、ストーンヘンジは意図的な破壊から守られることになった。

第一次世界大戦中の１９１５年、アントローバス家の跡継ぎが戦死したため、ストーンヘンジは公開オークションにかけられ、地元住民である弁護士のセシル・チャブが６６００ポンドで落札した。これは現在の価値としては１００万円以下である。彼は、遺跡に興味があったわけではなく、地元にあるものを外国人に落札されたくないとの思いで気まぐれで購入したという。その3年後、チャブ氏はストーンヘンジを国に寄贈した。彼はこの功績が認められ、ナイトの称号と男爵の爵位を授与されている。

ストーンヘンジは、国による管理の下で周辺に建てられていた民家や畑が除去された。１９６０年代に入り放射線炭素年代測定法が開発されると、この遺跡はエジプトのピラミッドより前に建造されていたことなどが明らかになった。その頃、巨石群が天文学上の計算に基づいて配置されていることなども判明した。こうして遺跡の修復と調査とさらなる発掘が進み、１９８６年における世界遺産登録に繋がった。

事件20

# イサム・ノグチ「新萬来舎」と「ノグチ・ガーデン」は移築できるか？

イサム・ノグチ財団対慶應義塾事件［日本］

## ■事件の経緯

### 萬来舎と新萬来舎

１８７６年（明治９年）、慶應義塾三田キャンパス内において、福澤諭吉により、人々が集い交流する場、あるいは、思索の場を設けることが構想され、千客萬来の意味を込めて「萬来舎」との名称を付された建物が建築された。萬来舎は第二次世界大戦中に焼失したが、１９５１年（昭和26年）、三田キャンパス内に、建築家谷口吉郎と彫刻家イサム・ノグチの共同設計による第二研究室棟が「新萬来舎」として建築された。

新萬来舎は、日系アメリカ人の美術家イサム・ノグチが戦後（１９５０年）来日して慶應義塾三田キャンパスを訪れた折、荒廃した校舎の再築に取り組む建築家、谷口吉郎と意気投合して実現したコラボレーションの産物だった。建物全体の設計は谷口が行い、ノグチは一階談話室（ノグチ・ルーム）の室内装飾、庭園（ノグチ・ガーデン）および庭園に配置された彫刻（「無」、「学生」、「若い人」）をデザインした。

### 「新萬来舎」移転計画

当初の新萬来舎は、隣接する演説館（重要文化財）とともに三田キャンパスの象徴的存在だったが、その後、西校舎、南校舎、新図書館、大学院棟等の大型校舎により景観も大きく変化してバランスを欠く状態となった。また、管理上の理由で学生のノグチ・ルームへの出入り、ノグチ・ガーデンへの立入りは原則禁止となり、新萬来舎の存在意義は希薄化していった。

2002年、学校法人慶應義塾は、三田キャンパス内に法科大学院を開設するために、新校舎の建設を検討したが、文部科学省の大学院設置基準に適合する新校舎を建てる余剰敷地は三田キャンパス内に存在せず、既存建物の転用も不可能なため、ほとんど利用されていない新萬来舎の敷地部分を再整備するしかないとの結論に達した。そこで、新萬来舎を解体し、ノグチ・ルームを含む建物の一部、隣接するノグチ・ガーデンおよび彫刻を、新たに建てる法科大学院棟の三階テラスに移設する工事を実施することにした。これは、ノグチ・ルームの現状をできる限り維持することを条件として行ったコンペにより採用した最良の計画だった。

### ノグチ財団の反対

イサム・ノグチは、1988年にアメリカで亡くなったが、彼の死亡後、その著作物に関する一切の権利は、1987年4月6日付け遺言書により、アメリカ法人であるイサム・ノグチ財団（ノグチ財団）が承継している。

ノグチ財団は、慶應義塾による新萬来舎移築計画を知り、「新萬来舎の解体は、イサム・ノグチと谷口吉郎という二人の芸術家のコラボレーションを解体し、建物を安易に大地から引きはがし、空中庭園および空中楼閣とするもので、環境芸術である新萬来舎という作品の本質を破壊し、美術史的意義を喪失せしめる暴挙である」と主張した。慶應義塾の一部の教員たちもこれに同調し、「新萬来舎とノグチ・ルームの保存を求める会」を結成した。

2003年3月、ノグチ財団と「保存を求める会」の有志十一人は、慶應義塾による新萬来舎およびノグチ・ガーデンの解体・移築工事（本件工事）の差止めを求め、東京地方裁判所に仮処分を申し立てた。

## ■裁判[†3]

ノグチ財団は本件工事の禁止を申し立てる資格があるか？

日本の著作権法は、著作者人格権の一つとして、著作物の同一性を保持する権利（同一性保持権）を定めている（著作権法20条1項）。著作者の意に反して著作物の変更、切除その他の改変をすることを禁ずる権利である。申立人ノグチ財団は、この権利を根拠に、「本件工事はイサム・ノグチの著作者人格権（同一性保持権）を侵害する」主張した。

しかし、著作者人格権は、創作者としての名誉や作品への思入れを守る権利であり、著作者に専属し、譲渡や遺贈ができない（59条）。また、本人の死後この権利を行使できるのはその遺族または本人から遺言により指定を受けた者に限られている（１１６条）。裁判所は、この著作権法の規定に基づき、「申立人ノグチ財団は著作者の遺族ではないし、遺言により指定を受けた者にもあたらないので、著作者人格権を行使できない」として、仮処分申立てを却下した。

### 慶應義塾の教員たちは本件工事の禁止を申し立てる資格があるか？

仮処分申立てに加わった教員たちは、「新萬来舎とノグチ・ガーデンは世界的文化財であり、慶應義塾の塾生、教職員は約50年に亘りこれを享受してきたので文化的享受権を有し、また、慶應義塾では重要な事項の決定は評議員会の決議を要するのに、本件工事はその決議を経ていないので、違法無効である」と主張した。

しかし、裁判所は、「文化的享受権なるものは実定法上の根拠がないし、また、大学が内部的な手続き上の規定を遵守していないとしても、そのような規定違反を理由に教員らが本件工事の差止めを求めることを認める法的根拠もない」と述べ、教員らの仮処分申立てを却下した。

## 本件工事によって著作者人格権は侵害されるか？　著作物の同一性は改変されるか？

以上のとおりノグチ財団と教員たちには本件工事の差止めを求める資格がないと判断されたので、それ以上の判断をする必要はなかったが、裁判所は、念のため、「申立人ノグチ財団に著作者人格権が認められるとしたら結論はどうなるのか？」についても検討した。本件工事の実行が著作者人格権を侵害するかどうかである。

まず、裁判所は、「新萬来舎、ノグチ・ガーデン、彫刻はそれぞれ独立した著作物であると同時に、一体として『建築の著作物』に当たり、これらを移築して位置関係や方向性を変更する行為は、一体となった著作物の特徴を損なうので改変に当たる」と述べた。

しかし、裁判所は、「仮にそうであるとしても、本件の場合、著作者人格権である同一性保持権を侵害していない」と判断した。著作権法は、同一性保持権の行使が制限される例外的な場合をいくつか定めている。たとえば、建築物の増改築等は、所有者が建物を利用していくうえで必要なので原則として許される（20条2項2号）。また著作者の遺族は、「著作者の意を害しないと認められる場合」は、著作者人格権を行使できない（60条但書）。これにより、裁判所は、「本件工事は、公共の目的のために必要な範囲の増改築であるから同一性保持権の例外（20条2項2号）として許される場合に当たり、また、その目的に照らし、著作者が生きていたとしたらその意を害さない場合（60条但書）にも当たる」と判示したのである。

結論

以上の理由で、裁判所は、2003年6月、ノグチ財団らの申立てを却下した。

## ■事件の評価とその後

### 文化的享受権は文化財や美術品の保護・保全を求める根拠になることもある

この事件の裁判所は、「大学が文化財の改変を違法に決定しても、大学教員には、これを争うことを認める実定法上の根拠はない」として、教員らの請求を一刀両断に断っている。これに対し、先に紹介した【事件19】(ストーンヘンジ世界遺産保護法人対運輸大臣事件)では、イギリスの裁判所は、政府が決定した文化財の改変処分を市民が争うことを認めていた。後者は政府の行為、前者は私立大学の行為という違いはある。しかし、日本では、文化財保護法や保護条例のように国や公共機関に対して文化財保護を義務づけている法律も、一般の市民が国や地方公共団体に対して文化財保護を請求することを認めていない。[†4] 残念ながら、日本の法制度は、英米と比較し、市民がアートや文化財の保全を求めるためのシステムが不十分なのである。

なお、本事件の裁判所が「実定法上の根拠がない」とした「文化的享受権」は、その後に制定された景観法および判決により、文化的環境の中で暮らす住民の「文化的景観を享受する権利」として、一定の条件の下で認められている。[†5]

## 消滅したノグチ・ルーム、ノグチ・ガーデン

本事件の裁判では、ノグチ財団は、著作者人格権を有しないため、本件工事の差止め請求が認められなかった。しかし、ノグチ財団は、ノグチ・ルームおよびノグチ・ガーデンの著作権に関しては、イサム・ノグチの遺言書により承継している。ノグチ財団は、慶應義塾が建物を移築のために解体したとき、「著作権に基づき、新校舎三階テラスにノグチ・ルームとノグチ・ガーデンを再現することは認めない」と通告した。移築工事は、いったん建物を解体して別の場所に同じ資材で作り直す作業なので、著作物の複製を伴う。したがって、慶應義塾は、ノグチ財団の許諾なしには解体した建物の中のノグチ・ルームを再現することができなくなった。慶應義塾は、やむを得ずノグチ・ルームとノグチ・ガーデンの再現を諦め、建物内の談話室は建築家の隅研吾氏に、庭園はフランスの庭園デザイナー、ミシェル・デヴィーニ氏にそれぞれ設計を依頼した。二人は、慶應義塾の注文に応じ、ノグチが考えたノグチ・ルーム、ノグチ・ガーデンのコンセプトを尊重した談話室、庭園をそれぞれ造り上げたが、これらはもはやイサム・ノグチの作品ではない。ノグチ・ルームとノグチ・ガーデンはこうしてこの世から消滅した。

著作権、著作者人格権は、著作権者らの個人的な利益を守るものに過ぎず、文化財保護の武器にはなり得ないということである。

## ■イサム・ノグチと新萬来舎

イサム・ノグチ（1904年－1988年）は、20世紀を代表する日系米国人の彫刻家である。彼は、詩人の野口米次郎と米国人作家レオニー・ギルモアの長男としてロサンゼルスで生まれた。父米次郎は、若き日に身一つでアメリカに渡り、住み込みでアルバイトをしながら詩作に情熱を注ぎ、英文の詩集を出版した。この時に英文校正で彼を支え励ましたのがレオニーだった。しかし、米次郎はレオニーとイサムを残し、単身で日本に帰国してしまう。1907年、レオニーはイサムを連れて日本に渡ったが、米次郎はすでに別の女性と結婚して家庭を持っていた。イサムは、日本社会では外国人かつ婚外子の扱いを受ける。

1918年、レオニーは、イサムには米国で教育を受けさせるべきだと考え、単身で帰米させた。イサムは、英語教師をする母からの仕送りと奨学金によりアメリカの教育を受ける。彼を捨てた父親からの援助はなく、野口姓を用いることも禁じられた。しかし、彼はこれに構わず、20歳の頃からイサム・ノグチを名乗って彫刻家として活動し、ブランクーシの指導を受けるなどしてその地歩を固める。1931年、ノグチは15年ぶりに来日し、日本文化に感銘を受けた。しかし、父との関係だけは修復できなかった。その後、在米日本人芸術家とも積極的に交流し、太平洋戦争が始まると、日系人強制収容所に自ら入所して、差別を受けていた日系人の力になろうとしたが、かえって米国のスパイと疑われて日系人社会に受け入れられなかった。

終戦後の１９４７年、彼は米次郎から初めて、これまでの仕打ちを詫びて許しを請う手紙を受け取る。彼は、謝罪を受け入れると返信し、戦後の困窮生活を強いられている父親に対して経済的支援を申し入れた。しかし、父親はすでに末期癌の病床にあり、１９４７年中に亡くなった。

１９５０年、イサム・ノグチは三度目の来日をし、亡き父のゆかりの地をめぐっている。その一つは、米次郎が文学部教授として教鞭をとっていた慶應義塾である。彼は戦禍に荒廃した三田キャンパスを目にした後、建築家谷口吉郎と知り合う。ノグチは、丘の上に立つキャンパスの印象を「ここはアジアのアクロポリスだ」と語った。これを聞いた谷口は、「学生と教員の交流の場である『新萬来舎』を共に作ろう」とノグチを誘う。ノグチは、この構想に共鳴して即座に同意し、再会を果たせず病没した父との和解の思いを込めてその制作に着手した。ノグチ・ルームとノグチ・ガーデンは、このようにして誕生した。

高台にあるキャンパスの南西に位置する新萬来舎は、ノグチ・ガーデンの先に三田の街を臨み、庭園には、拇指と人差し指で円環を作ったような彫刻「無」が設置された。ノグチ・ルーム内のベンチに座ると、この彫刻の輪の中を通って沈む夕日は、天上からの光が灯篭に点火したように見える。新萬来舎は、建物、家具、庭園、彫刻の位置がすべて計算された環境芸術（サイトスペシフィック・アート）だった。

モダニズムデザインの傑作との評価が高かったこれらのノグチ作品は、新校舎建設と引換えに消滅してしまった。この反省から、慶應義塾は移築前の新萬来舎の映像記録や写真を公開し、イサム・ノグチの功績を適宜に紹介している。現在の談話室は、通常は非公開だが、定期的に公開イベントを行っている。ノグチ・ルームとノグチ・ガーデンは、本事件の前よりもむしろ今の方が、塾生、卒業生である塾員にとって身近な存在になっている。

New York Times (March 6, 1993) Section 1, Page 11.

†3 28 U.S. Code Part IV, Chapter 97, § 1603, § 1604.

†4 *Malewicz v City of Amsterdam*, 517 F. Supp. 2d 322, *Malewicz v City of Amsterdam*, 2007 U.S. App. LEXIS 29458 (D.C. Cir., Dec. 14, 2007).

†5 28 U.S. Code Part IV, Chapter 97, § 1603, § 1604.

†6 *Altmann v Republic of Austria*, 142 F. Supp. 2d 1187, 2001 WL 530538 (C.D.Cal. 2001), *Altmann v Republic of Austria*, 317 F.3d 954 (9th Cir. 2002), 2002 U.S. App. LEXIS 25517.

†7 541 U.S. 677 (2004).

†8 *Claude Cassirer v Kingdom of Spain et al*, 461 F. Supp. 2d 1157 (C.D.Cal.2006), *Cassirer v Kingdom of Spain*, 616 F.3d 1019 - Court of Appeals, 9th Circuit 2010.

†9 28 U.S. Code Part IV, Chapter 97, § 1603, § 1604.

†10 *Cassirer v Thyssen-Bornemisza Collection Found.*, 153 F.3d 1148, *Cassirer v Thyssen-Bornemisza Collection Found.*, 862 F.3d 951 - Court of Appeals, 9th Circuit 2017.

†11 *Cassirer v Thyssen-Bornemisza Collection Found.*, 142. S.Ct. 1502- Supreme Court 2022.

## Ⅳ アートと表現の自由

†1 *Cincinati v Contemporary Arts Center*, 57 Ohio Misc. 2d 15, 566 N.E. 2d 214, 1990 Ohio Misc. LEXIS 12.

†2 *Miller v California*, 413 U.S. 15 (1973).

†3 *Brooklyn Inst. of Arts & Scis v. City of New York & Rudolph W. Giuliani*, 64 F. Supp. 2d 184.

†4 名古屋地判令和 2 年 5 月 25 日 LLI/DB 判例秘書 L07750414。

†5 富山地判平成 10 年 12 月 16 日判例タイムズ 995 号 76 頁、名古屋高裁金沢支判平成 12 年 2 月 16 日判例タイムズ 1056 号 188 頁。

†6 東京地判昭和 42 年 6 月 24 日判例タイムズ 208 号 165 頁、東京高判昭和 43 年 11 月 13 日高裁刑集 21 巻 5 号 528 頁、最判昭和 45 年 4 月 24 日刑集 24 巻 4 号 153 頁。

## Ⅴ アート・文化財・環境の保全

†1 *Rags Over the Ark. River, Inc. v BLM*, 77 F. Supp. 3d 1038, *Rags Over the Ark. River, Inc. v Colo. Parks & Wildlife Bd.*, 2015 COA 11M.

†2 *Save Stonehenge World Heritage Site Ltd, R (On the Application Of) v Secretary of State For Transport* [2021] EWHC 2161 (Admin).

†3 東京地判平成 15 年 6 月 11 日判例タイムズ 1160 号 238 頁。

†4 最判平成元年 6 月 20 日判例タイムズ 715 号 84 頁、東京高判平成 25 年 10 月 23 日判例タイムズ 1415 号 87 頁。

†5 景観法（平成 16 年法律 110 号）、名古屋地決平成 15 年 3 月 31 日判例タイムズ 1119 号 278 頁、最決平成 18 年 3 月 30 日判例タイムズ 1209 号 87 頁。

# 注

## I　アートの取引をめぐって

†1　斎藤泰弘「訴訟記録に基づいた「岩窟の聖母」事件の再検証―その前史から 1506 年の裁定まで」京都大学文学部研究紀要 36 巻（1997）55-110 頁。

†2　*Accidia Foundation v Simon C Dickinson Ltd* [2010] EWHC 3058 (Ch).

†3　*Schulhof v Jacobs,* 2017 N.Y. Misc. LEXIS 735.

†4　*Spiliada Maritime Corp v Cansulex* [1987] AC 460.

†5　*Rappo, Tania v Accent Delight International Ltd and another* [2017] SGCA 27.

†6　*Thwaytes v Sotheby's* [2015] EWHC 36 (Ch), [2016] 1 All ER 423.

## II　アートの著作権

†1　17 U.S. Code, § 107.

†2　東京高判昭和 60 年 10 月 17 日判例タイムズ 568 号 38 頁。

†3　東京地判平成元年 10 月 6 日判例タイムズ 710 号 234 頁。

†4　Tribunal de grande instance [TGI] [ordinary court of original jurisdiction] Nanterre, Sept. 15, 1986 (Fr.), Cour d'appel [CA] [regional court of appeal] Versailles, March 3, 1987 (Fr.)、東京地判昭和 62 年 11 月 27 日判例時報 1269 号 136 頁。

†5　東京地判平成 10 年 2 月 20 日判例タイムズ 974 号 204 頁。

†6　*Roger v Koons,* 960 F.2d 301 (2d Cir. 1992).

†7　17 U.S. Code, § 107.

†8　*Blanch v Koons,* 467 F.3d 244 (2d Cir 2006); LEXIS 26786.

†9　*Campbell v Acuff-Rose Music* (92-1292), 510 U.S. 569 (1994).

†10　*Campbell v Acuff-Rose Music* (92-1292), 510 U.S. 569 (1994).

†11　*Cariou v Prince,* 784 F. Supp. 2d 337, 2011 U.S. Dist. LEXIS 29070 (S.D.N.Y., 2011)

†12　*Cariou v Prince,* 714 F.3d 694.

†13　*Andy Warhol Foundation for the Visual Arts, Inc. v Goldsmith,* 382 F. Supp. 3d 312, 2019 U.S. Dist. LESIS 110086, 2019 U.S.P.Q. 2D (BNA) 244359.

†14　17 U.S. Code, § 107.

†15　*Campbell v Acuff-Rose Music* (92-1292), 510 U.S. 569 (1994).

†16　*Andy Warhol Foundation for the Visual Arts, Inc. v Goldsmith,* 2021 U.S. App. LEXIS 8806 (2d Cir, N.Y.) Mar. 26 2021.

## III　外国の美術館が収蔵する略奪品の取戻し

†1　TUI Paris, Ire Ch., Ire Section, June 16 1993.

†2　*Stchoukine v Le Centre National d'Art et de Culture George Pompidou* (1993), Roger Cohen, The

進法）について」慶應法学20号（2011）187-228頁。
島田真琴『イギリス取引法入門』255-263頁。
樋口範雄『アメリカ渉外裁判法』弘文堂（2015）55-88頁、169-182頁。
野村美明「米国の裁判管轄ルールから見たハーグ管轄判決条約と日本の立場」国際私法年報4号（2002）214-271頁。
Ruth Redmond-Cooper, Disputed Title to Loaned Works of Art: The Stchoukine Litigation, 1 *Art Antiquity & L.* 73 (1996).
Colleen Murphey, Immunity of Loaned Art from Seizure in the United States and the Necessity of Legislative Reform to Ensure the Continuation of International Lending, 35 *Rev. Litig.* 105 (2016).
James Drysdale, Malewicz v. City of Amsterdam, 16 *DEPAUL-LCA J. Art & Ent. L.* 161 (2005).
Martha B. G. Lufkin, A Sea-Snake at the Austrian National Gallery, 11 *Art Antiquity & L.* 351 (2006).
エリザベート・ザントマン／永井潤子・浜田和子訳『奪われたクリムト―マリアが『黄金のアデーレ』を取り戻すまで』梨の木舎（2019）。
Alyssa Pullara, Cassirer v. Thyssen-Bornemisza Collection Foundation 862 F. 3d 951, 9th Cir. 2017, 28 *Depaul J. Art Tech. & Intell. Prop. L* 165 (2018).
Laurie Frey, Another Chapter in the Cassirer Nazi-era Art Saga Focuses on Choice of Law, 22 *IJCP* 527 (2015).

## Ⅳ　アートと表現の自由

島田真琴『アート・ロー入門』241-248頁。
美術手帖編『現代アート事典』美術出版社（2008）104-107頁［伊東豊子］。
吉田隆之『芸術祭の危機管理―表現の自由を守るマネジメント』水曜社（2020）。
「特集「表現の自由」とは何か？」美術手帖2020年4月号（vol. 72 No. 1081）（2020）8-149頁。
Judith B. Prowda, *Visual Arts and the Law*, 22-37.
Marc Mezibov, The Mapplethorpe Obscenity Trial, 18 *Litig.* 12 (1992).
Arthur N. Eisenberg, The Brooklyn Museum Controversy and the Issue of Government-Funded Expression, 66 *Brook. L. Rev.* 275 (2000).
岡本有佳・アライ＝ヒロユキ編『あいちトリエンナーレ「展示中止」事件―表現の不自由と日本』岩波書店（2019）。

## Ⅴ　アート・文化財・環境の保全

島田真琴『アート・ロー入門』189-190頁、276-283頁。
Michael Wheeler, Christo and Jeanne-Claude: The Negotiation of Art and Vice Versa, 36 *Negotiation. J.* 471 (2020).
Rebecca Hawkes-Reynolds, Stonehenge: Tunneling through a World Heritage Site, 26 *Art Antiquity & L.* 261 (2021).
Makoto Shimada, Protection of Cultural Properties in Japan, *Juriste International* (2011) 29-37.

# 参考文献

## I アートの取引をめぐって

島田真琴『アート・ロー入門―美術品にかかわる法律の知識』慶應義塾大学出版会（2021）80-95 頁、103-104 頁。

島田真琴『イギリス取引法入門』慶應義塾大学出版会（2014）193-196 頁。

Judith B. Prowda, *Visual Arts and the Law: A Handbook for Professionals*, Lund Humphries (2013) 134-161.

Elizabeth Weaver, Dealer or Agent? and Why It Matters: Accidia Foundation v. Simon C. Dickinson, 16 *Art Antiquity & L.* 297 (2011).

島田真琴「美術品の委託売買における美術商の顧客に対する責任―Accidia Foundation 対 Simon C. Dickinson Limited 判決の美術品取引実務への影響」慶應法学 23 号（2012）165-208 頁。

Isabel Paintin, The Art of Connoisseurship through Judicial Eyes: The Law of Negligence and Fine Art Attribution, 20 *Art Antiquity & L.* 101 (2015).

## II アートの著作権

島田真琴『アート・ロー入門』170-177 頁、210-214 頁。

甲野正道『現場で使える美術著作権ガイド 2019』美術出版社（2019）89-126 頁、150-164 頁。

Makoto Shimada, Legal Aspects of Special Exhibitions at Museums in Japan, 23 *Art Antiquity & L.* 113 (2018).

Simon Stokes, *Art and Copyright* 2nd ed., Hart Publishing (2011) 56-68, 164-178.

Molly Trosen Stech, *Artists' Rights: A Guide to Copyright, Moral Rights and Other Legal Issues in the Visual Art Sphere*, Institute of Art and Law (2015) 98-118.

Judith B. Prowda, *Visual Arts and the Law*, 101-132.

Julie Alane Arthur, Jeff Koons: Artist or Theif, 41 *Copyright L. Symp.* 99 (1992-1993).

Jeannine M. Marques, Fair Use in the 21st Century: Bill Graham and Blanch v. Koons, 22 *Berkeley Tech. L.J.* 331 (2007).

Sergio Munoz Sarmiento, Lauren van Haaften-Schick, Cariou v. Prince: Toward a Theory of Aesthetic-Judicial Judgments, 1 *Tex. A&M L. Rev.* 941 (2014).

Julian Azran, Bring Back the Noise: How Cariou v. Prince Will Revitalize Sampling, 38 *Colum. J.L. & Arts* 69 (2014).

Alyssa Weitkamp, Andy Warhol Foundation v. Goldsmith, 32 *Depaul J. Art Tech. & Intell. Prop. L.* 123 (2022).

## III 外国の美術館が収蔵する略奪品の取戻し

島田真琴『アート・ロー入門』144-147 頁、292-298 頁。

島田真琴「海外から借り入れた美術品等の差押えを禁止する法律（海外美術品公開促

392 頁、403 頁。
- クレール デュラン＝リュエル・スノレール／藤田治彦監修・遠藤ゆかり訳『ピサロ—永遠の印象派』創元社（2014）。

**事件 14（メイプルソープ）**

- ハル・フォスターほか『ART SINCE 1900』711 頁。
- Patricia Morrisroe, *Mapplethorpe: A Biography*, Random House Publishing Group (2016).
- パティ・スミス／にしむらじゅんこ・小林薫訳『ジャスト・キッズ』河出書房新社（2012）。

**事件 15（ヤング・ブリティッシュ・アーティスト）**

- ハル・フォスターほか『ART SINCE 1900』798-802 頁。
- 美術手帖編『現代アート事典』104-107 頁［伊東豊子］。

**事件 16（大浦信行）**

- 大島一洋『芸術とスキャンダルの間—戦後美術事件史』講談社（2006）213-224 頁。

**事件 17（ハイレッド・センター）**

- 椹木野衣『日本・現代・美術』新潮社（1998）199-230 頁。
- 山本浩貴『現代美術史—欧米、日本、トランスナショナル』中公新書（2019）145-153 頁。
- 大宮知信『お騒がせ贋作事件簿』草思社（2002）95-101 頁。

**事件 18（クリスト・クロード、ジャンヌ・クロード）**

- 青山昌文『西洋芸術の歴史と理論』266-284 頁。
- 井口壽乃ほか『西洋美術の歴史 8』341-346 頁。

**事件 19（ストーンヘンジ）**

- R・J・C・アトキンソン／服部研二訳『ストーンヘンジ』中央公論社（1986）。
- Christopher Klein, The Man Who Bought Stonehenge, *HISTORY* (1 September 2018), <https://www.history.com/news/the-man-who-bought-stonehenge>.
- Stonehenge Sold for £6,600 A Hundred Years Ago Today, *English Heritage* (21 September 2015), <https://www.english-heritage.org.uk/about-us/search-news/stonehenge-sold-100-years-ago/>.

**事件 20（イサム・ノグチ）**

- ドウス昌代『イサム・ノグチ—宿命の越境者（上・下）』講談社（2000）。
- 新見隆『イサム・ノグチ 庭の芸術への旅』武蔵野美術大学出版局（2018）。
- 河合正朝「新萬来舎の解体—萬來舎／ノグチ・ルームの一部移築・復元にかかわる過誤」〔慶應義塾大学アート・センター編『〈Booklet 13〉記憶としての建築空間—イサム・ノグチ／谷口吉郎／慶應義塾』慶應義塾大学アート・センター（2005）〕90-134 頁。
- 杉山真紀子編『萬來舎—谷口吉郎とイサム・ノグチの協奏詩』鹿島出版会（2006）。

- リチャード・J・ウッテンメイカー「アルバート・C・バーンズとバーンズ財団」〔フランソワーズ・カシャンほか／馬淵明子監修『バーンズ・コレクション―印象派の宝庫』講談社（1993）〕。

**事件 07（ジェフ・クーンズ）**

- 美術手帖編『現代アート事典―モダンからコンテンポラリーまで…世界と日本の現代美術用語集』美術出版社（2009）、100-102 頁［楠見清］、86-89 頁［暮沢剛巳］、82-85 頁［松井みどり］。
- ハル・フォスター、ロザリンド・E・クラウス、イヴ＝アラン・ボワ、ベンジャミン・H・D・ブークロー、デヴィッド・ジョーズリット／尾崎信一郎・金井直・小西信之・近藤学編『ART SINCE 1900―図鑑 1900 年以後の芸術』東京書籍（2019）702-703 頁、800-803 頁。

**事件 08（リチャード・プリンス）**

- ハル・フォスターほか『ART SINCE 1900』688-690 頁。
- 美術手帖編『これからの美術がわかるキーワード 100』美術出版社（2019）、57 頁［小林美香］、100 頁［筒井宏樹］。
- 美術手帖編『現代アート事典』100-102 頁［楠見清］、86-89 頁［暮沢剛巳］、82-85 頁［松井みどり］。

**事件 09（ウォーホル）**

- ハル・フォスターほか『ART SINCE 1900』515-519 頁、562-567 頁。
- クラウス・ホネフ『アンディ・ウォーホル』タッシェン・ジャパン（2001）。
- 青山昌文『西洋芸術の歴史と理論―芸術の深く豊かな意味と力』放送大学教育振興会（2016）252-257 頁。
- 井口壽乃・田中正之・村上博哉『西洋美術の歴史 8　20 世紀―越境する現代美術』中央公論（2017）、304-311 頁。

**事件 10（アンリ・マティス）**

- ニコラス・ワトキンス／島田紀夫・関直子訳『マティス』西村書店（1997）。
- ヒラリー・スパーリング／野中邦子訳『マティス―知られざる生涯』白水社（2012）。
- ハル・フォスターほか『ART SINCE 1900』112-117 頁。
- 岡部昌幸監修『世界の美術家』273-275 頁。

**事件 11（マレーヴィチ）**

- ハル・フォスターほか『ART SINCE 1900』130-134 頁、142-146 頁。
- ジル・ネレ『カジミール・マレーヴィチ』タッシェン・ジャパン（2009）。
- 井口壽乃ほか『西洋美術の歴史 8』110-115 頁、435-440 頁。

**事件 12（グスタフ・クリムト）**

- キャサリン・ディーン／冨田章訳『〈アートライブラリー〉クリムト』西村書店（2002）。
- Frank Whitford, *Klimt*, Thames and Hudson (1990).

**事件 13（カミーユ・ピサロ）**

- ジョン・リウォルド／三浦篤・坂上桂子共訳『印象派の歴史』角川書店（2004）391-

## 美術関連の参考資料


### 事件01（ダ・ヴィンチ「岩窟の聖母」）

- 松浦弘明「レオナルドの絵画・素描」〔池上英雄編著『レオナルド・ダ・ヴィンチの世界』東京堂出版（2007）〕188-198頁。
- ウォルター・アイザックソン／土方奈美訳『レオナルド・ダ・ヴィンチ（上）』文芸春秋（2019）289-204頁。
- 斎藤泰弘「訴訟記録に基づいた「岩窟の聖母」事件の再検証―その前史から1506年の裁定まで」京都大学文学部研究紀要36巻（1997）55-110頁。
- 斎藤泰弘「無原罪の聖母の祭壇画になぜ幼児の洗礼者ヨハネが登場するのか？―ベルナルディーノ・デ・ブスティの『マリアーレ』とレオナルドの「岩窟の聖母」の関係について」京都大学文学部研究紀要49巻（2010）101-185頁。

### 事件02（ダ・ヴィンチ素描画）

- 小林もり子「レオナルド・ダ・ヴィンチの手稿について」〔H・アンナ・スー編／小林もり子訳『レオナルド・ダ・ヴィンチ―天才の素描と手稿』西村書店（2012）〕315頁。
- 金山弘昌「レオナルドの手稿について」〔池上英雄編著『レオナルド・ダ・ヴィンチの世界』〕142-160頁。
- Jonathan Jones, 'The real Da Vinci code' (30 August 2006), <https://www.theguardian.com/artanddesign/2006/aug/30/art1>.

### 事件03（ダ・ヴィンチ「サルバトール・ムンディ」）

- ベン・ルイス／上杉隼人訳『最後のダ・ヴィンチの真実―510億円の「傑作」に群がった欲望』集英社インターナショナル（2020）。

### 事件04（カラバッジョ）

- 宮下規久朗『もっと知りたいカラヴァッジョ 生涯と作品』東京美術（2009）。
- ティモシー・ウィルソン＝スミス／宮下規久朗訳『〈アート・ライブラリー〉カラヴァッジョ』西村書店（2003、新装版2009）。
- 岡部昌幸監修『世界の美術家―その生涯と作品』ポプラ社（2018）93-95頁。

### 事件05（レオナール・フジタ）

- 近藤史人『藤田嗣治「異邦人」の生涯』講談社（2002）。
- 瀬木慎一『日本美術事件簿』二玄社（2001）。
- 湯原かの子『藤田嗣治 パリからの恋文』新潮社（2006）。
- 『生誕120年藤田嗣治展』主宰：NHK、NHKプロモーション、日本経済新聞社（2006）。

### 事件06（バーンズ財団）

- 高橋明也編『バーンズ・コレクション展』読売新聞社（1994）。
- ハワード・グリーンフェルド／藤野邦夫訳『悪魔と呼ばれたコレクター―バーンズ・コレクションをつくった男の肖像』小学館（1998）。

島田 真琴（しまだ まこと）

弁護士（一橋綜合法律事務所パートナー）。

1979年慶應義塾大学法学部卒業。1981年弁護士登録。1986年ロンドン大学ユニバーシティカレッジ法学部大学院修士課程修了（Master of Law）。ノートンローズ法律事務所、長島大野法律事務所勤務、慶應義塾大学教授等を経て、2022年より現職。2005年から2007年まで新司法試験考査委員。2015年から2016年ロンドンシティ大学ロースクール客員研究員、2018年より同大学名誉客員教授。英国仲裁人協会上級仲裁人（FCIArb）。2022年よりアート仲裁裁判所（CAfA）登録仲裁人。

専門：国際商取引一般、国際訴訟及び国際仲裁、アート法、イギリス法。

著作に、『アート・ロー入門―美術品にかかわる法律の知識』（慶應義塾大学出版会、2021年）、『アート・ローの事件簿―盗品・贋作と「芸術の本質」篇』（慶應義塾大学出版会、2023年）、『イギリス取引法入門』（慶應義塾大学出版会、2014年）、『The Art Law Review』（共著、Business Research Ltd、2022年）ほか。

アート・ローの事件簿
――美術品取引と権利のドラマ篇

2023年4月20日　初版第1刷発行

著　者――――島田真琴
発行者――――大野友寛
発行所――――慶應義塾大学出版会株式会社
〒108-8346　東京都港区三田2-19-30
ＴＥＬ〔編集部〕03-3451-0931
〔営業部〕03-3451-3584〈ご注文〉
〔　〃　〕03-3451-6926
ＦＡＸ〔営業部〕03-3451-3122
振替 00190-8-155497
https://www.keio-up.co.jp/
装　丁――――辻聡
印刷・製本――中央精版印刷株式会社
カバー印刷――株式会社太平印刷社


Printed in Japan ISBN978-4-7664-2884-1